巴拉巴拉巴拉

意想不到！
365个科学真相

［意］瓦兰蒂娜·卡梅理尼 著
［意］克劳迪娅·佩特拉齐 绘
张密 田雨 译

山东人民出版社·济南
国家一级出版社 全国百佳图书出版单位

图书在版编目（CIP）数据

意想不到！365个科学真相/(意)瓦兰蒂娜·卡梅理尼著；(意)克劳迪娅·佩特拉齐绘；张密，田雨译.--济南：山东人民出版社，2022.4
ISBN 978-7-209-13651-8

Ⅰ.①意… Ⅱ.①瓦… ②克… ③张… ④田… Ⅲ.①科学知识－儿童读物 Ⅳ.①Z228.1

中国版本图书馆CIP数据核字(2022)第024653号

Text,design and illustration © 2018 DeA planeta Libri s.r.l.
All rights reserved.

本书中文简体版专有出版权经由中华版权代理有限公司授予山东人民出版社出版。未经出版社许可不得以任何方式抄袭、复制或节录任何部分。

山东省版权局著作权合同登记号 图字：15-2021-313

意想不到！365个科学真相
YIXIANG BU DAO! 365 GE KEXUE ZHENXIANG

[意]瓦兰蒂娜·卡梅理尼 著　[意]克劳迪娅·佩特拉齐 绘　张密　田雨 译

主管单位　山东出版传媒股份有限公司
出版发行　山东人民出版社
出 版 人　胡长青
社　　址　济南市市中区舜耕路517号
邮　　编　250003
电　　话　总编室（0531）82098914
　　　　　市场部（0531）82098027
网　　址　http://www.sd-book.com.cn
印　　装　山东临沂新华印刷物流集团有限责任公司
经　　销　新华书店

规　　格　16开（160mm×210mm）
印　　张　21.5
字　　数　154.8千字
版　　次　2022年4月第1版
印　　次　2022年4月第1次
ISBN 978-7-209-13651-8
定　　价　78.00元

如有印装质量问题，请与出版社总编室联系调换。

目 录

1. 世界上最大的动物 / 1
2. 吸血鬼德古拉 / 3
3. 月球上的重量 / 5
4. 双重内陆国 / 7
5. 神秘的布韦岛 / 7
6. 改变了世界的台球 / 9
7. 爸爸的肚子 / 11
8. 消失了的奥运会项目 / 12
9. 恒星是如何诞生的 / 12
10. 寻找金子的科学家 / 13
11. 地球也要抖三抖 / 15
12. 小心女巫 / 16
13. 一座两米半高的山 / 18
14. 最快的速度 / 18
15. 多久以后太阳会冷却？/ 19
16. 最高的树 / 20
17. 庞大而狰狞的素食者 / 21
18. 自认为到了亚洲的水手 / 22
19. 因年纪小"夺冠" / 26

1

20. 史前时代的终结 / 27

21. 我们都是星星的遗存 / 27

22. 寻找黄金国 / 28

23. 起初只是符号 / 30

24. 太阳不会升起的地区 / 31

25. 蝴蝶效应 / 31

26. 坟山 / 32

27. 包装袋改成的裤子 / 33

28. 不死的树 / 34

29. 大海中的岛国 / 35

30. 世界上最后一只恐龙 / 35

31. 神秘的亚历山大图书馆 / 37

32. 确保一公斤是一公斤 / 37

33. 最冷能达到多少度？/ 38

34. 赤脚奔跑的冠军 / 39

35. 世界纪录和啤酒 / 40

36. 世界上高差最大的山 / 41

37. 一座巨大的城堡 / 42

38. 在相机发明之前 / 43

39. 史上最短暂的战争 / 44

40. 超级大陆 / 44

41. 长着河马腿的水怪 / 45

42. 世界的尽头 / 47

43. 想要飞上天的人 / 48

44. 比炸弹的威力还大 / 50

45. 喷发了8个月的火山 / 51

46. 月亮是从哪里来的？/ 51

47. 死亡谷 / 52

48. 最后的皮里普金拉 / 53

49. 世界上最危险的海域之一 / 54

50. 幸运的芬兰女人 / 56

51. 疯狂的象棋 / 57

52. 一个有深度的谜 / 58

53. 巨人的腿骨 / 60

54. 地下城市 / 61

55. 记住苏美尔人！/ 63

56. 数星星 / 63

57. 圣地 / 64

58. 世界上面积最小的国家 / 64

59. 鲸鱼的"歌声" / 65

60. 骇人听闻的人口交易 / 65

61. 人类的超能力 / 68

62. 微小而无形 / 69

63. 来自海底的喷发 / 70

64. 被公开处死的国王 / 71

65. 长满刺的魔鬼 / 71

66. 从疯子到英雄 / 72

67. 统治地球最久的生物 / 74

68. 阿兹特克帝国的覆灭 / 75

69. 31 比 0 / 76

70. 伟大的罗马工程师 / 77

71. 活化石 / 78

72. 沙漠之都 / 78

73. 是牙医，也是拳击高手 / 80

74. 没有登上月球的人 / 81

75. 物理学家眼中的保险箱 / 82

76. 盐度的问题 / 83

77. 铁轨的第一次应用 / 84

78. 谜一般的暗物质 / 85

79. 形状奇特的国旗 / 86

80. 137 亿年以后 / 87

81. 不属于任何国家的土地 / 87

82. 把白象当作宠物的皇帝 / 88

83. 古希腊人早已知道的事实 / 91

84. 有"钱"之前 / 91

85. 国王万岁！ / 92

86. 瑞士人的贡献 / 93

87. 荒原中的神秘图案 / 93

88. 世界上最长的河流 / 95

89. 万物之始 / 95

90. 最早的现代旅行家 / 96

91. 男性特权！ / 98

92. 放下武器，参加比赛 / 98

93. 跑得最快的动物 / 99

94. 难以抗拒的冰岛小吃 / 100

95. 没法自由飞翔的鸟类 / 100

96. 这种蜘蛛不一般 / 102

97. "可爱"的杀手 / 102

98. 你的丛林远亲 / 103

99. 如何在冰城生存 / 104

100. 家人相见不相识 / 105

101. 冰海里的独角兽 / 106

102. 禁止打喷嚏！ / 107

103. 寒冷的沙漠 / 107

104. 抵御严寒的长眠 / 108

105. 全能型选手 / 110

106. 一年究竟有多少天？ / 111

107. 牛粪和生日蛋糕 / 112

108. 最早测量时间的人 / 113

109. 为什么飞机能够飞行 / 114

110. 苹果掉到了牛顿头上 / 115

111. 阿尔法粒子的轰击 / 117

意想不到！365个科学真相

112. 南半球最有名的企鹅 / 118

113. 美洲本土的时尚发型 / 119

114. 奥运会的起源 / 120

115. 不愿投降的士兵 / 121

116. 致命的尾巴 / 121

117. 最早的"报纸"/ 122

118. 古代的第一个大都市 / 123

119. 你、陨石和美国总统 / 123

120. 来自海洋的危险 / 124

121. 空气有多重？/ 124

122. 宇宙飞船如何飞行 / 126

123. 两国友谊的象征 / 127

124. 电影般的人生 / 127

125. 物理学界的重要课题 / 128

126. 太空台球 / 130

127. 汽车靠左行驶 / 130

128. 火星上的石子 / 131

129. 禁止死亡的地方 / 132

130. 寻求安宁的僧侣 / 133

131. 一场结局糟糕的比赛 / 135

132. 盛放大脑的罐子 / 135

133. 日不落帝国 / 137

134. 为什么能看到行星 / 138

135. 真重！/ 138

136. 黑死病！/ 139

137. 总是能进决赛 / 140

138. 代表三个国家的旗帜 / 141

139. 禁止留胡子！/ 142

140. 绵羊之国 / 143

141. 俄国现在几点？/ 144

142. 尿液和饮用水 / 144

143. 轰动性的胜利 / 145

144. 世界多少岁了？/ 145

145. 红色行星 / 146

146. 魔术有，通灵没有 / 146

147. 和现代不一样！/ 147

148. 荷马真的存在吗？/ 148

149. 海浪中的危险 / 149

150. 消失的城市 / 150

151. 不幸的旧金山 / 150

152. 天上的巨物 / 151

153. 海因里希·施里曼 / 151

154. 神秘的语言 / 152

155. 罗塞塔石碑 / 152

156. 夺命的镜子 / 154

157. 9岁的法老 / 155

158. 不仅仅是传说 / 155

159. 火热的星球 / 156

160. 金字塔是什么 / 157

161. "杀手"考拉 / 157

162. 篮球运动的发明人 / 158

163. 温布尔登之鹰 / 159

164. 不要碰那座墓 / 159

165. 不可思议的牙齿 / 160

166. 改过名字的运动项目 / 160

167. 最艰难的监狱 / 161

168. 巨轮沉没，谁之过？/ 161

169. 从无到有的城市 / 162

170. 偶然的冠军 / 163

171. 穿越到第二天 / 163

172. 木乃伊告诉你真相 / 164

173. 女皇原不是俄国人 / 166

174. 拿叉吃饭,没教养!/ 167

175. 年轻的冠军 / 167

176. 齐聚乌拉圭 / 168

177. 难闻的皇帝 / 168

178. 火星运河的传说 / 169

179. 升入太空的狗狗 / 170

180. 一项古老的运动 / 171

181. 成为木乃伊的好理由 / 171

182. 不休不眠的大象 / 172

183. 克洛伊索斯的黄金 / 172

184. 纽约的来历 / 173

185. 这两座小岛不一般 / 174

186. 想长生不老的皇帝 / 175

187. 失落的印加城市 / 175

188. 从尼亚加拉瀑布跳下 / 176

189. 蛇岛 / 176

190. 疑似银河落九天 / 177

191. 卫生间之父 / 178

192. 失窃的世界杯 / 179

193. 最繁忙的港口!/ 180

194. 神秘的爆炸 / 180

195. 蓝血动物 / 181

196. 下坠的猫 / 182

197. 117 支生日蜡烛 / 183

198. 海浪中的坟墓 / 184

199. 爱尔兰大饥荒 / 184

200. 只有美洲球队参赛 / 185

201. 这位奶奶不简单 / 185

202. 不同的引力 / 186

203. 阴间的军队 / 187

204. 加拿大湖泊的水怪 / 188

205. 可怜的凡间"神仙" / 189

206. 海难幸存者 / 190

207. 英国最快的抢劫犯 / 191

208. 污染严重的湖泊 / 192

209. 与女王共进晚餐 / 193

210. 穿越大西洋 / 194

211. 禁止使用左手 / 194

212. 巨蚌 / 195

213. 数字0的起源 / 196

214. 不幸的维京人 / 196

215. 有核才自主 / 198

216. 如同探险小说 / 198

217. 猫卫士 / 199

218. 最严重的龙卷风 / 200

219. 脑袋在"云端"的巨物 / 201

220. 一座未知的火山 / 201

221. 画家与士兵 / 202

222. 早熟的天才 / 203

223. 为什么会打喷嚏？/ 204

224. 谁看到过黑洞？/ 204

225. 冰封的世界 / 206

226. 城市应该多大？/ 207

227. 打败熊的臭鼬 / 207

228. 为了爱情！/ 208

229. 旧金山的黑死病 / 209

230. 不平静的地球 / 210

231. 人脑感受不到疼痛 / 211

232. 26年在床上度过 / 212

233. 容貌与基因 / 213

234. 一个从不停歇的引擎 / 214

235. 最长的一场网球赛 / 214

236. 希腊人的特权 / 214

237. 纳米比亚的陨石 / 215

238. 非洲沙漠中的"鬼城" / 215

239. 比萨，风味大不同！/ 216

240. 地震学家的"兼职" / 217

241. 银河系里有病毒吗？/ 217

242. 蓝色星球 / 219

243. 人体，一本百科全书 / 219

244. 1 600多种语言和方言 / 220

245. 维京人和美洲 / 220

246. 爱干净的北欧勇士！/ 221

247. 大头恐龙 / 222

248. 在三次海难中幸存 / 223

249. 秘密地铁 / 224

250. 斯坦利船长的过失 / 224

251. 超级跳跃！/ 225

252. 取消军队换和平 / 226

253. "最年轻"的国家 / 226

254. 嘴里的小东西 / 227

255. 一起严重的事件 / 227

256. 一个不识字的民族 / 229

257. 奇特的外来水果 / 230

258. 没有逃走的居民 / 231

259. 唯一的"不死"生物 / 231

260. 被诅咒的三角洲？/ 232

261. 致命的疾病 / 233

262. 秘密都在牙齿里 / 233

263. 巴拿马运河 / 234

264. 饥饿如蛇 / 235

265. 今天是什么日子？/ 236

266. 外星文明方程式 / 237

267. 最长的铁路 / 238

268. 囚徒之岛 / 239

269. 失望群岛 / 240

270. 大自然的杰作 / 241

271. 火焰的颜色和温度 / 241

272. 轨距不同，无法通行 / 242

273. 中国的长城 / 243

274. 古代生物！/ 245

275. 一座富裕的古希腊城 / 246

276. 缩小的海洋 / 246

277. 名字奇特的小镇 / 247

278. 最热的恒星 / 248

279. 辽阔而纯净 / 249

280. 世界上最大的峡谷 / 249

281. 彩虹是什么？/ 250

282. 地球的中心 / 251

283. 你的专属"二维码"/ 251

284. 指纹的秘密 / 251

285. 豌豆上的大发现 / 253

286. 不受欢迎的铁塔 / 255

287. 最油滑的骗子 / 255

288. 火车万岁 / 257

289. 创造生命 / 257

290. 过去的巨兽 / 259

291. 中文没有字母表 / 259

292. 老鼠寺 / 260

293. 好渴…… / 261

294. 等20年，然后拆除 / 262

295. 快极了 / 262

296. 第一部影片 / 263

297. 拥有无限记忆力的人 / 264

298. 小而分散 / 264

299. 南极洲唯一的提款机 / 265

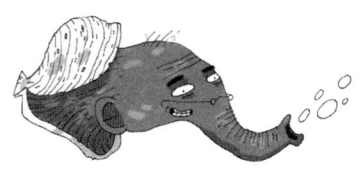

300. 肥胖率居世界第一 / 266

301. 女海盗传奇 / 266

302. 改变世界的罗莎 / 268

303. 塑料岛 / 269

304. 太空垃圾 / 269

305. 发疯的国王 / 270

306. 40岁的老爷爷 / 272

307. 胡萝卜之都 / 272

308. 穿越海洋的电缆 / 273

309. 一款精致的饮料 / 274

310. 美丽是吃出来的 / 275

311. 大到难以被吞下 / 275

312. 被赶下船的船长 / 277

313. 当海水发生倒灌 / 277

314. 单体巨石乌鲁鲁 / 278

315. 致命的美食 / 279

316. 破两项纪录的沙漠动物 / 280

317. 关于鸵鸟的大谎言 / 281

318. 世界上曾经最富有的人 / 282

319. 不可思议的封锁 / 282

320. 植物的语言 / 283

321. 大家都去法国！/ 285

322. 最古老的皇室 / 285

323. 平安飞行 / 286

324. 一年有304天 / 286

325. 该死的细菌 / 288

326. 禁止哭泣的葬礼！/ 289

327. 如何丈量世界 / 290

328. 睁着眼睡觉 / 291

329. 天外来客 / 291

330. 长达4年的"速决战" / 292

331. 禁止踢足球！/ 293

332. 秘密的坟墓 / 293

333. 喝醉的船员 / 295

334. 天文望远镜建在哪里 / 296

335. 金牌背后的故事 / 296

336. 比珠穆朗玛峰高得多 / 297

337. 打喷嚏的海绵 / 298

338. 不待扬鞭自奋蹄 / 299

339. 记分牌不"相信"完美 /300

340. 穿短裙不穿内裤 / 301

341. 发臭的巨花 / 301

342. 脑子里有铁棍的人 / 303

343. 有始有终，不易！/ 304

344. 将猛犸象带回地球 / 304

345. 不同寻常的恐惧 / 306

346. 你懒，我更懒 / 307

347. 用脚品尝美食 / 308

348. 好臭！/ 308

349. 被撑死的国王 / 309

350. 大流感 / 310

351. QWERTY是什么？/ 311

352. 一代枭雄的异常死亡 / 312

353. 最大规模的太空救援 / 314

354. 澳大利亚的内海 / 314

355. 神秘的诺克斯堡 / 315

356. 最早的印刷品 / 315

357. 神秘的数学定理 / 316

358. 72天环游世界 / 317

359. 为医学而"狂" / 319

360. "自杀式"防卫 / 320

361. 幽灵船 / 320

362. 宇宙有限的"证明" / 321   364. 确保巨轮安全抵港 / 323

363. 死亡之路 / 322   365. 空军基地51区 / 324

1. 世界上最大的动物

世界上最大的动物,长达33米,重达180吨。如果你觉得它是一头狰狞、饥渴、令人毛骨悚然的巨兽,那你就大错特错了!

你猜到它的名字了吗？

它叫蓝鲸，居住在大海里，长相一点也不可怕。它没有牙齿，以捕食海里的甲壳类生物为生。它在海里游动的最高速度可达每小时50公里，就像摩托车一样。

由于人类肆无忌惮的捕猎，蓝鲸曾濒临灭绝。在其被宣布为保护动物之后，这种情况有所好转。

想知道最重的恐龙具体有多重是十分困难的，但地球上似乎没有其他动物能够达到蓝鲸这样的体形，因此蓝鲸被称为地球上最大的动物。

"180吨，这个重量意味着什么？想象一下，一辆小轿车大约有1吨重，也就是说，一头蓝鲸相当于180辆小轿车加起来那么重！"

同时，蓝鲸也是海洋中游动速度最快的动物之一！快去读读第93个故事吧！

2. 吸血鬼德古拉

作家布莱姆·斯托克小说中的著名人物——嗜血如命的德古拉到底是谁呢？

斯托克的灵感来自瓦拉几亚大公弗拉德三世。这位君主以性格残暴著称。他所处的中世纪没有互联网，信息传播速度缓慢，但这也不影响他在整个欧洲臭名昭著。

他冷酷残忍，看到对手备受折磨和虐待会让他感到兴奋。据说，在存放有敌兵遗体的房间设宴能让他食欲大增。他还是一个能征善战的人。不过在斯托克的笔下，他被刻画成了一个神话般的吸血鬼。

需要补充说明的是，弗拉德在罗马尼亚人对抗土耳其侵略者的斗争中表现骁勇，屡次击退土耳其人的进攻。虽然他性格中有极其残暴的一面，但很多罗马尼亚人依然将他视作民族英雄。

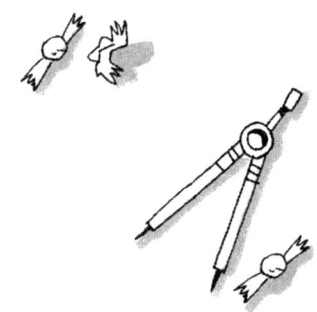

3. 月球上的重量

如果某一天你带着体重秤到达了月球，你会发现，自己的体重要比在地球上的轻得多。也许你认为，自己在这趟旅途中变得苗条了。但是，你错了！

秤肯定不是你月球旅行首先考虑携带的物品，但它却是必要的。

你的体重不仅取决于你自身质量的大小，还取决于地球质量形成的引力。比地球质量小得多的月球，对你的引力会小很多。因此，在到达月球表面的时候，宇航员无论穿着多重的宇航服，几乎总是"飘浮"着的。

你是不是对引力大小取决于所在行星的质量大小这个规律感到惊讶？快去读读第110个故事，你会认识一位坐在苹果树下推理出这个规律的科学家。

意想不到！365个科学真相

4. 双重内陆国

海滩、港口和海岸线在许多国家都很常见，但不是所有的国家都有这些：世界上大约四分之一的国家没有海岸线，也没有出海口。

有两个国家的居民，即使去最近的海滩也得长途跋涉，因为与他们国家接壤的也都是内陆国，这两个国家分别是列支敦士登和乌兹别克斯坦。它们被称为"双重内陆国"。

5. 神秘的布韦岛

没有机场，没有港口，没有道路，58平方公里的土地上覆盖着冰雪……如果你在寻找一个与世隔绝的地方，那布韦岛绝对是最理想的地方。

 解释一下，58平方公里的岛屿，刚好相当于8个标准足球场那么大。它其实面积并不大，不是吗？

意想不到！365个科学真相

布韦岛位于南非以南，是属于挪威的一座岛屿。整座岛屿被汹涌的海水包围着，不在任何一条常规的航线上。

这座岛屿于1739年被一名法国航海家发现，并被添入地图，接着航海家又启程去寻找更加适宜人类居住的土地了。

很长的一段时间里，这座岛屿都默默无闻。直到1979年，一颗卫星在这座岛屿上探测出了异常。科学家们认为，异常是核试验导致的。多年以后，人们还是不知道是哪个国家进行的核试验。当然，岛上也没有人能告诉我们究竟发生了什么。

想要知道另一个很遥远的地方吗？快去读读第52个故事。

6. 改变了世界的台球

在1870年的美国，许多人在绞尽脑汁思考一个看似无解的问题：能否找到一种价格便宜的材料来制作台球，用来替代以象牙为材质的昂贵台球？人们甚至为此展开了竞赛，谁解决这个问题谁就能得到一笔丰厚的奖金。

这个事情可能会让我们觉得奇怪。但是你要知道，150多年前的人们并没有现代人这样多的消遣方式，而打台球无疑是人们解闷的一种绝佳活动。

发明家约翰·卫斯理·海厄特在他的实验室里开始了工作。没过多长时间，他就有了出色的研究成果。

他发明了赛璐珞，这标志着现代塑料工业的诞生。

海厄特并没有因此获得他应得的丰厚奖金，但他应该不会因此感到不快。因为他申请了专利，创立了赛璐珞制造公司，并以此获得了更多的财富。

7. 爸爸的肚子

小海马在出生前,是待在爸爸肚子里的。

你没有看错,对未出生的海马来说,挺着大肚子的"孕妇",并不是它们的妈妈。

由雄性海马承担孵化下一代的任务,这在自然界是独一无二的。

8. 消失了的奥运会项目

早期，奥林匹克运动会比赛项目的设置随意性较大，没有严格的标准。这与主办方的兴趣有关，他们常常会列入一些不太普及的地方性和民族性运动项目。有些项目仅在一两届奥运会存在过，因组织者和观众对其不再感兴趣而被取消。像这样仅举行过一两次比赛的项目有板球、兜网球、墙网球、摩托艇、高尔夫球。

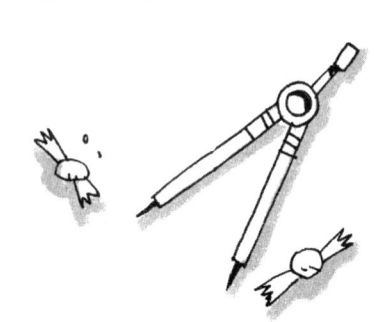

9. 恒星是如何诞生的

包括太阳在内的每一颗恒星，都是从分子云中诞生的。分子云稠密的核心通过自身强大的引力不断地吸引周围大量的物质。当温度和压力升高后，分子云开始燃烧，在数百万度的高温下，可怕的核反应发生了，这也标志着一颗恒星诞生了！

如果你想要知道恒星消亡时会发生什么，快去读读第21个故事。

10. 寻找金子的科学家

在现代化学诞生之前，忙于摆弄蒸馏瓶和研究复杂化学公式的都是炼金术士。

他们掌握的科学原理很少，却有着宏伟的计划：造出点金石，用它们来把其他金属变成金子，掌握所有事物的最终规律，创造出能够治愈一切病症并让人长生不老的神药。

虽然这些奇怪的想法在今天看来都是无稽之谈，但直到18世纪，这些问题一直困扰着世界上最具智慧的科学家。

11. 地球也要抖三抖

1960年5月21日，没有一个智利人能想到，平日里安静祥和的瓦尔迪维亚小镇，会经历人类观测史上震级最高的地震——9.5级大地震。

10分钟的强烈震荡让海水掀起10米高的巨浪。地震引发了海啸、山体滑坡、洪水，还引起了普耶韦火山的爆发，数千座房屋被摧毁。

10米高的海浪，其高度和4层楼房的高度相当。

智利的强烈地震不仅给当地造成了极其严重的财产及人员损失，还造成了地壳的移动，并导致了地球自转速度的变化，从而改变了一天的时长。

科学家们确信，地震还引发了其他一些微小变化，这些变化只能通过复

 杂的数学计算推导出来，难以得到实地验证。

如果按照一天24小时计算，那么智利小镇上发生的地震能够让地球自转时间延长或者缩短几百万分之一秒。

12. 小心女巫

现如今，已经没有人会思考如何制作魔法药水，或者趁着满月之夜在空中飞来飞去。但是，历史上曾经有这么一段时间，很多人都相信女巫的存在。

这曾经是个十分严肃的问题，以至于当时很多的政治家和学者都为此忧心忡忡。1484年，甚至连教皇都签署了一份文件，表示巫术应该被取缔，女巫或其他使用巫术的人应该受到审判并被处以死刑。

但奇怪的是，难道没有人想过，如果女巫真的存在，她不会使用巫术让自己逃脱审判吗？

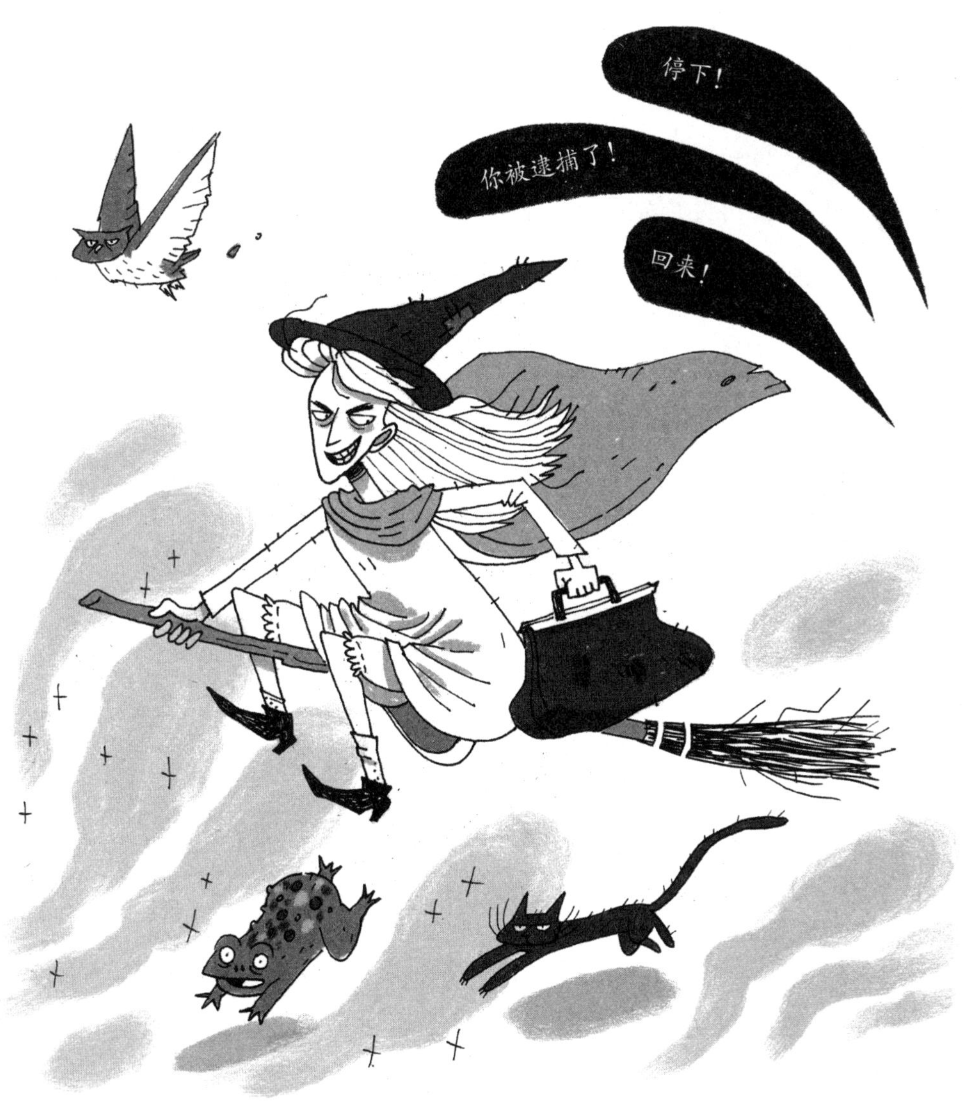
停下！
你被逮捕了！
回来！

13. 一座两米半高的山

如果想要在山上散步、滑雪或是在高处看风景，那么不建议你们去马尔代夫、荷兰和丹麦，因为它们是世界上最平坦的国家。

举个例子，马尔代夫以美丽的沙滩闻名于世，这里最高的"山"海拔仅有2.4米。

世界上个子最高的人都比马尔代夫最高的山高呢！

14. 最快的速度

你究竟能跑多快？

每小时37公里，这是目前人类跑步达到的最快速度。

为了超越这个极限，人类尝试了各种交通工具：马匹、自行车、汽车、火车、飞机……

那么，人类能达到的最快速度是多少呢？理论上存在一个人类永远也不可能超越的极限速度——光速。比光速还快是不可能的。不过，光速已经是一个相当快的速度——每秒299 792 458米。要达到这个速度是十分困难的。

15. 多久以后太阳会冷却？

太阳每天都会升起。

这是一个毋庸置疑的真理。难道不是吗？

但是，太阳也是恒星，主要由燃烧的气体构成。这些气体的燃烧非常剧烈，以至于让太阳表面的温度达到了5 500℃，并将热量传到了14 960万公里之外的地球上。

这个距离几乎是地球到月球距离的400倍（其实，月球离地球也不近）。

但是总有一天，这些气体会被耗尽。天体物理学家估计，大约70亿年之后，太阳将停止燃烧。再经过10亿年，太阳会完全冷却。但愿到那个时候，人类已经找到能让地球在没有太阳的情况下依然宜居的办法。

16. 最高的树

凭借115米的高度，一株名为"亥伯龙树"的杉树被认为是地球上最高的树。它位于美国加利福尼亚州的一座自然公园内。找到它并不容易——护林员为了保护其不被游客攀爬和蓄意伤害，并没有公布它的确切位置。

假如爬上这棵杉树的树梢，你可以看到30层高的大楼楼顶。

17. 庞大而狰狞的素食者

提到恐龙，人们就会觉得这种史前动物都是体形庞大、面目狰狞的。

但并非所有恐龙都是这个样子。

18. 自认为到了亚洲的水手

1492年8月3日的清晨,三艘船从巴罗斯港口驶出。他们是尼娜号、平塔号和圣玛丽亚号。率领这几艘船出发的是克里斯托弗·哥伦布,这次航海的目的是寻找一条到达亚洲的新航线。

那时,欧洲通过与亚洲做贸易积累了大量财富。香料、原材料、布料都来自东方。但西班牙在与东方的贸易中处于十分不利的地理位置。因此,女王伊莎贝拉一世对航海家哥伦布的计划很感兴趣。哥伦布认为,可以通过海路向西航行到达亚洲,从而摒弃以往的横穿亚欧的陆上通道。根据他的推算(这个推算其实是错的),从西班牙的海岸出发,一直向西航行,将会抵达日本。

即使不存在美洲大陆,哥伦布也不可能通过向西航行到达亚洲,因为他低估了亚洲和欧洲之间的距离,当时的

> 轮船根本没有办法装载足够支持这段航程的补给品。

在理论上，哥伦布是正确的。

但是在实践上这是行不通的，因为当时没人知道欧洲和亚洲之间还存在着美洲大陆。

经过了三个星期的航行，船员们渐渐丧失了斗志，甚至有了造反的想法（因为大家想回家了）。不过，漂浮在海上的树枝和树干让船员们看到了希望，他们决定如哥伦布所愿，继续航行一段时间。10月12日的清晨，也就是在出发的两个月后，平塔号终于到达一片陆地。

哥伦布坚信，他们脚下的这片从未被人类探索过的大陆就是亚洲。

即便接下来又进行了三次航行，也没能让他的想法有所改变。

而对新世界的真相提出疑问的是探险家亚美利哥·维斯普奇。继哥伦布之后，他多次在新大陆和欧洲之间往

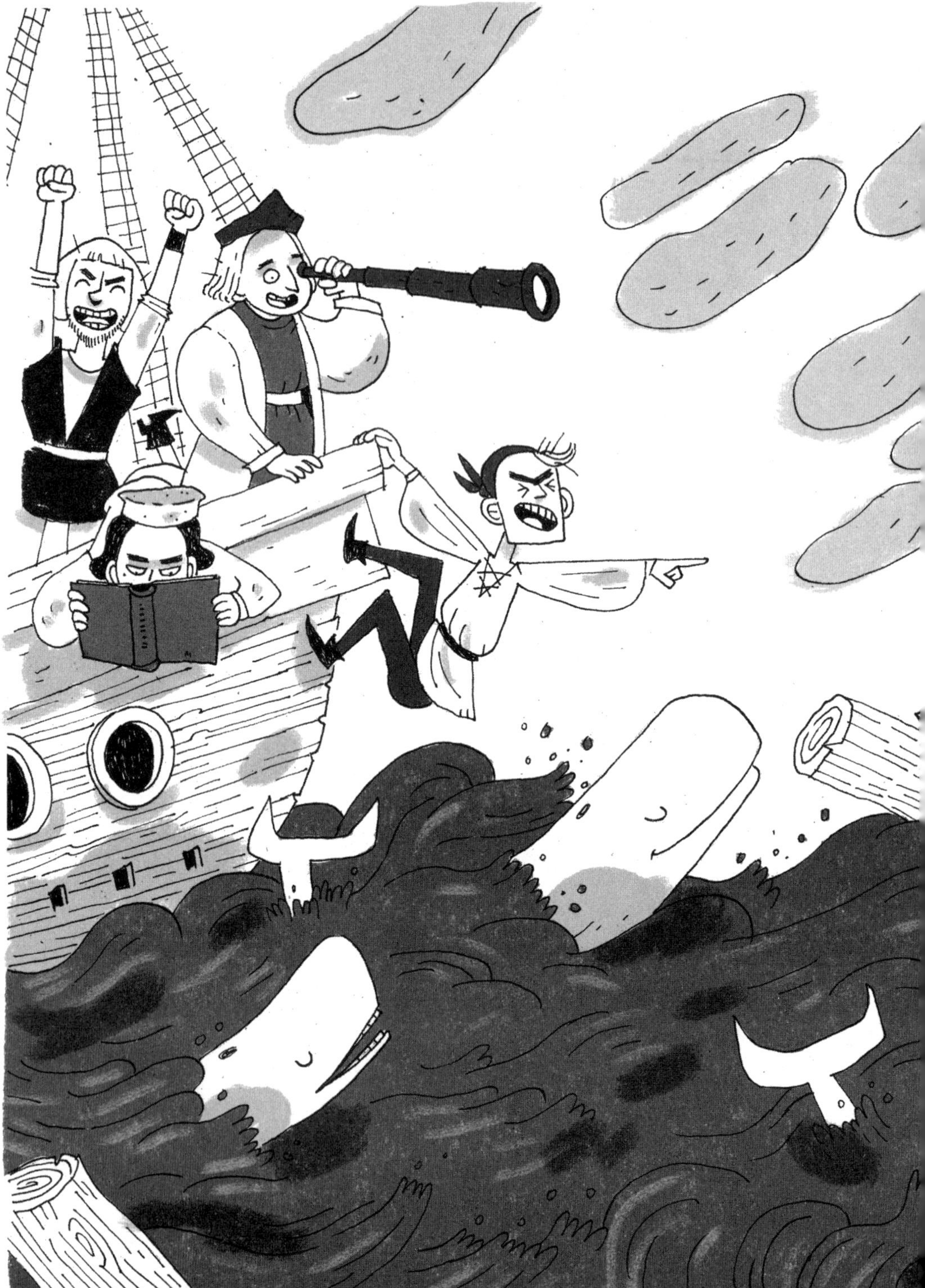

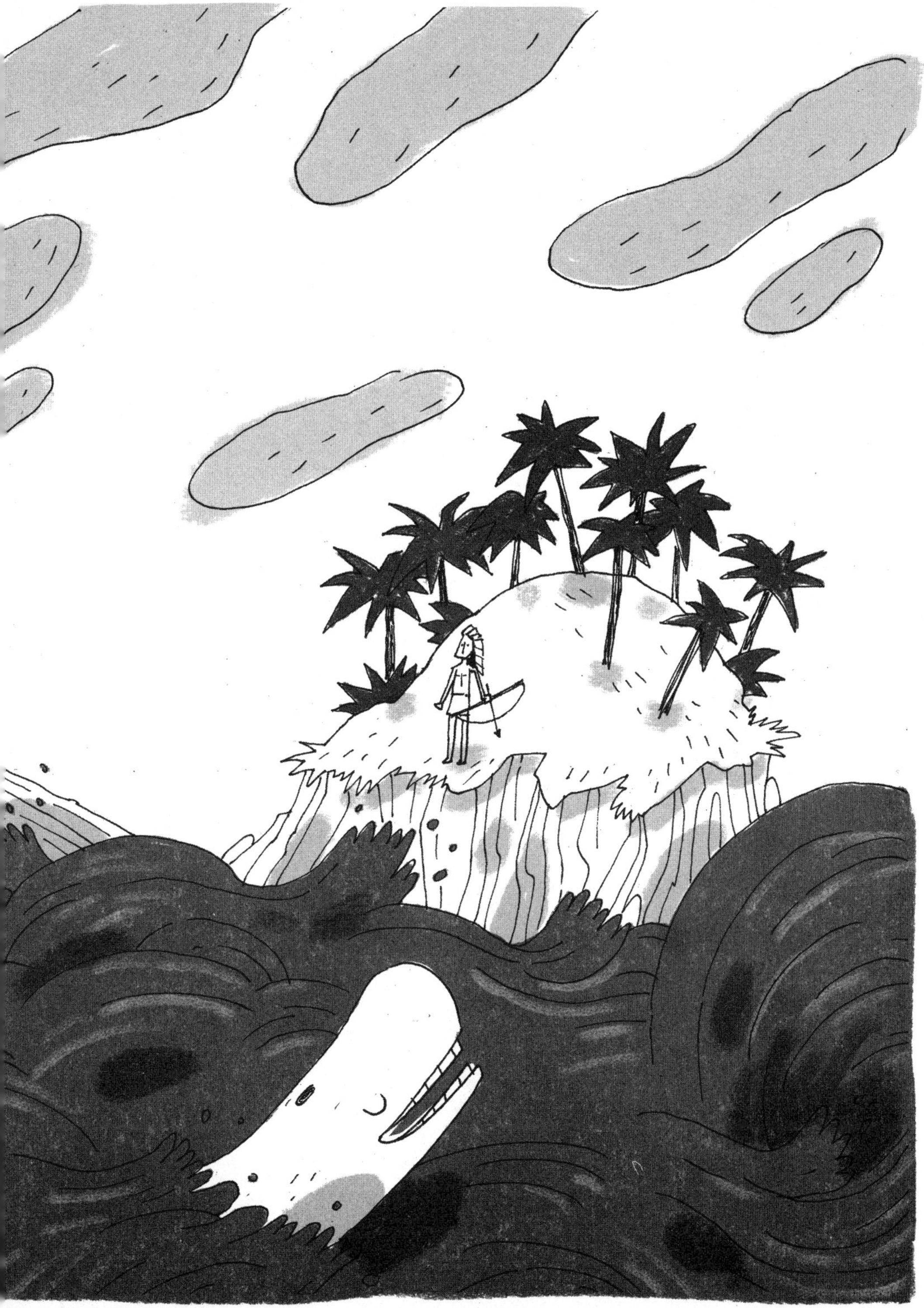

返，并坚信这块土地并不是亚洲。他写了一本书，论述了自己的观点，引起一片哗然。直到此时，也就是哥伦布首次出航的多年以后，人们才意识到他的那次航行是一次地理上的大发现。

其实，早就有人进行了与哥伦布相似的推算，并且没有错误……快去第83个故事，了解这个人到底是谁！

19. 因年纪小"夺冠"

在1997年之前，奥运会对参赛运动员的资格审查还没有太多的限制。

早在1896年，年仅10岁的希腊体操运动员迪米特里奥斯·隆德拉斯加入了国家队，并且在奥运会上赢得了一枚铜牌。虽然没有赢得金牌，但他被誉为"奥运会历史上最年轻的运动员"。

从1997年开始，奥运会参赛选手的最低年龄调整为16岁。

20. 史前时代的终结

史前文明!

只要听到这个词,人们就会想到那些居住在洞穴里、穿着兽皮的原始人。当然,这些并不足以定义那个遥远的时代。

史前文明是在一个精确的时间点结束的——当人们发明了文字并用它记事的时候。当第一个字被写出来的时候,人类的文明史就开始了。

21. 我们都是星星的遗存

恒星总是以一种十分特别的方式消亡。组成星体的气体在人类难以想象的高温下燃烧爆炸。这必将是一幕十分壮观的场景,但是没有人能在目睹

之后存活下来。

科学家们认为，这种灾难性的星体消亡产生的影响超乎我们的想象。恒星会在爆炸过程中产生一些新的原子，宇宙中的风会把它们带向各处，其中一部分的原子就留在了银河系中。

这意味着，我们的身体以及我们身处的世界，几乎是由恒星爆炸产生的尘埃构成的。这是一个令人惊骇却有趣的发现。

22. 寻找黄金国

黄金国是一片充满传奇色彩的土地——没有任何一个地方能像这里一样，拥有如此多的黄金和其他珍贵的金属。

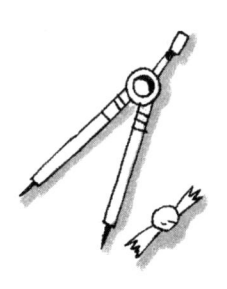

几个世纪以来，不断有人出发去寻找这块土地，因为他们坚信，黄金国就在南美的某个角落。探险家们怀揣着这个梦想——乘着载满黄金的货船从墨西哥的海岸径直驶向欧洲。实际上，这只是一种幻想，因为黄金国从未真实地存在过。

23. 起初只是符号

是谁最先想到通过在石头上画画来向后人叙述历史的？

公元前4000年，在埃及和美索不达米亚地区，人类文明十分繁荣，人们为了记载他们所拥有的财富和当时发生的重大事件，在黏土上刻一些简单的符号作为记录，而那些容器表面上的图画则代表了里面所盛放的物品，如小麦、布料或者是其他谷物的种子。后来，这些"图画"被简化，形成了统一的易于书写和辨识的符号。不过，即便这样，符号能表达的内容还是有限。后来，符号被赋予了多重含义，变得难以记忆。

直到不再只是表示具体事物和行动、可以在口语中用到的表音符号出现以后，这种情况才发生了改变。人们开始构建现代的字母体系，学习使用字母及字母的组合，表达一些概念、观点和想法。

这是很不可思议的一件事：今天我们读到的那些动人的小说、诗歌、文学剧本中的文字，最开始只不过是给国王储物仓里的物品做标记的几个符号！

24. 太阳不会升起的地区

居住在北极圈以北和南极圈以南的居民们每年都会经历一段被称为"极夜"的特殊时期——太阳不会升起,夜晚比住在其他地区的人们经历的时间长。

越往北,极夜现象持续的时间越长。那些想要到达极点的探险家们,会在那里经历长达半年看不见太阳升起的日子。

这听上去会让人觉得沮丧,不是吗?

但是居住在这些寒冷地区的人们可以通过"极昼"来安慰自己。那是一种夏天出现的与极夜完全相反的现象——太阳始终在地平线之上,即使在夜间也不会落下。

25. 蝴蝶效应

也许是因为烦透了在海边散步突然遭雨淋湿的情况,美国科学家洛伦兹在60岁时开始致力于气象学的研究。

如果想准确地预测气象情况,需要分析大量的数据,只靠人类大脑分析是十分困难的。于是，随着计算机的发明和应用，天气预报开始变得准确。计算机的模型推演表明，即便是一天前一场令人无法察觉的微风，也会给天气带来完全不同的变化。

有了洛伦兹的研究，如今去海边散步的人们不必再担心被雨淋了。洛伦兹对气象学做出了极大的贡献，其研究成果要比以前那些混乱的理论实用得多。

他曾经提出一种现象——一只澳大利亚的蝴蝶偶尔扇动了几下翅膀，两周后可能会引起加拿大的一场旋风。这就是著名的蝴蝶效应。

26. 坎山

1953年5月29日，新西兰登山家埃德蒙·希拉里和同伴丹增·诺尔盖一起，到达了珠穆朗玛峰的顶峰，这一天被载入了登山史册。而就在几天前，另外两名登山者在距离目的地几百米的地方被迫无功而返。

多年来，无数勇敢的登山者们接受了这项挑战，只有大约不到5 000人实现了登顶的壮举,还有许多人为此丢掉了性命。大约200名登山运动员在登山途中死于寒冷、高原反应或雪崩。

27. 包装袋改成的裤子

如今我们常见的一类服装布料，原本是用作包装海运货品的包装袋。

19世纪，一个名叫李维·斯特劳斯的生意人意识到，这种被称作"牛仔布"的布料还可以有其他用途。他将牛仔布制成工装裤在市场上出售。这种结实的布料十分适合制作美国西部淘金工人的工装。牛仔裤很快就取得了人们的喜爱，并且流行至今。

28. 不死的树

树木的寿命很长，这是人人皆知的。一些树甚至活了上千年。

它们终其一生只生长在一个地方，因此有些危险难以避免。对于树木来说，寄生虫、旱灾、火灾、极寒都有可能导致它们死亡。

但是，如果这些都不发生，树会怎么样呢？一些科学家认为，如果没有这些危险，树木可能会长生不死。

29. 大海中的岛国

图瓦卢是一个由9块珊瑚岛礁组成的国家,它坐落于太平洋中一片偏僻的区域。

它的陆地面积只有26平方公里,因此是世界上最小的国家之一。此外,它还是人口最少的国家之一,只有9 000位居民。

图瓦卢地势极低,它的最高点也只超过海平面几米,因此这个岛国面临着遇海平面上升最终从地图上消失的风险。

30. 世界上最后一只恐龙

恐龙在6 500万年前就灭绝了,但科学家们对此依然有一些疑问。比如,一些恐龙是否有可能存活了下来,生活在不为人知的原始森林里?

非洲刚果的原住民没有直接回答这个问题,但他们坚称在其村庄附近生活着一种叫作魔克拉-姆边贝的动物。

这种动物体形庞大，有着长长的脖子和尖细的尾巴，四条腿，头不大。这样的描述震惊了动物学家。从描述上看，这种动物非常像蜥脚类恐龙。

此事引起了许多学者的兴趣。20世纪初以来，有多支探险队们多次出发去寻找答案。魔克拉－姆边贝到底是什么呢？是幸存下来的恐龙，还是人类尚不知道的河马的近亲？

虽然第一种假设耐人寻味，但第二种假设的可能性更大一些。

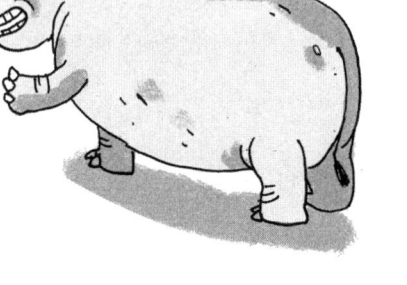

你好啊，堂哥！

31. 神秘的亚历山大图书馆

埃及的亚历山大图书馆被人们认为是世界上藏书最丰富、规模最大的图书馆。它收藏有公元前400年至公元前300年的珍贵手稿，拥有当时最丰富的典籍，人们至今仍不知道这座图书馆到底有多少藏书（有人推测至少超过50万卷），也不知道摧毁它的那场大火是怎么被点燃的。

亚历山大图书馆始建于公元前3世纪，是世界上最古老的图书馆之一。

32. 确保一公斤是一公斤

在离巴黎不远的地方，有一个办公室，这里的员工负责一项十分重要的工作——定义"一公斤"这个单位的重量。办公室有一个你大概没听说过的名字——国际计量局。办公室防盗门的里面有一个放置于坚固玻璃匣里的铂铱合金圆柱体，它由最高级别的安全系统保护着。世界上任何宣称重达1公斤的物体，都必须和这个圆柱体等重。

33. 最冷能达到多少度？

你可以想象一下冬天里最冷一天的场景，指尖失去知觉，呵气成冰。当温度计显示零摄氏度的时候，人们只想捧着热巧克力待在燃烧的壁炉前。

在南极洲测量出的地球最低温度是零下89摄氏度。

零下89摄氏度，已经是很低的温度了，还有更低的温度吗？

要解答这个问题，我们要先考虑水的情况。温度在零摄氏度以上时，水会保持液态；当温度达到零摄氏度时，水会变成固态的冰，这是因为水分子的运动随着温度的下降变慢了。水的例子并非个例。通常，温度越低，构成物质的分子运动越慢。理论上最低的温度是当物体内的分子完全停止运动时的温度。科学家们把它称为"绝对零度"。这个温度要比南极洲的零下89摄氏度低得多。零下273.15摄氏度，这个温度是如此之低，以至它在地球乃至宇宙中都没有被发现过。

科学家们在实验室里创造的低温已经很接近这个温

度了,但是绝对零度依旧难以达到。我们可以试着想象一下,为了做这些低温实验,科学家们在寒冷的实验室喝了多少杯热巧克力。

34. 赤脚奔跑的冠军

马拉松是奥林匹克竞赛中最消耗体力的项目之一。运动员们需要持续奔跑42公里。1960年，埃塞俄比亚运动员阿比比·比基拉作出了一个惊人的决定：他将在当年的罗马奥运会上赤脚跑完整个赛程。

最终他获得了金牌，并且成了奥运历史上第一位获得金牌的非洲运动员。

35. 世界纪录和啤酒

1955年，应吉尼斯啤酒公司董事长的要求，《吉尼斯世界纪录大全》首次出版。这些世界纪录和酒精饮料没有任何关联，但是董事长休·比弗爵士认为，《吉尼斯世界纪录大全》在上市后一定会大受读者欢迎，于是决定编纂这本图书。

36. 世界上高差最大的山

攀登高达 8 848 米的珠穆朗玛峰一直被登山运动员们视为最艰巨的挑战。它是世界上海拔最高的山,但它并不是世界上从山脚到山顶高差最大的山。

> 8 848 米已经很高了,飞机大约就在这个高度飞行。

世界上高差最大的山是冒纳凯阿火山。它是坐落于太平洋夏威夷群岛的一座火山,上一次爆发大约是在两千年以前。

那么为什么穿着拖鞋和泳衣来到这里的登山者们没有意识到它的高度呢?这是因为这座山的一半在海平面以下。确切来说,它有 5 800 米位于海水之下,而剩下的 4 205 米在海平面之上。

想要完整地攀爬这座山是不可能的，所以这座超过1万米的高山还没有完全被人类征服。

与珠穆朗玛峰不同，冒纳凯阿火山并不能给登山者们带来太多的刺激，但它的山顶被认为是全世界最佳的天文台台址，许多天文望远镜都架设在这里。

37. 一座巨大的城堡

1270年，一群德国僧侣开始在波兰建造一座宏伟的城堡。虽然在建造城堡时就知道，这会是一座巨大的城堡，但是他们没有想到，这座占地超过20万平方米的马尔堡会成为当时欧洲最大的城堡。这项工程在今天看来依然不可思议，它全部是由红砖一块块垒砌而成的。

这座城堡大约能容纳15艘巨型游轮。

38. 在相机发明之前

如今，给自己拍一张照片只不过是一瞬间的事情。

但是，在相机出现之前，只有少数幸运儿能在家里挂上一张自己的肖像。

肖像画的获取并不快捷，且价格高昂。你需要先找到一位画家，并且需要在画家作画时一直保持固定姿势。在当时，拥有一幅自画像是财富和地位的象征。

肖像画是15世纪开始在欧洲流行的。在宗教画盛行了数十年后,权贵们希望能在画布上留存自己的形象以名垂千古。

39. 史上最短暂的战争

38分钟,虽然令人难以置信,但这就是大英帝国在1896年8月27日对桑给巴尔发动战争的持续时间。区区38分钟,桑给巴尔王室卫队就向英军投降了,从此桑给巴尔被迫接受英国的统治。

40. 超级大陆

在非洲和美洲之间是一片汪洋大海,对吗?

目前来看的确是这样的。但是在几百万年以前,情况就有一点不一样了。大部分浮在水面上的大陆是连在一起的,这是一个超级大陆。慢慢地,大陆破裂分离。分离产生的新大陆慢慢漂移,形成了我们目前熟知的五大洲。这个过程依然没有结束,尽管我们很难察觉,陆地其实依然在移动着……

> 超级大陆这个名字听起来好像有点奇怪,但的确是科学家一起来命名的。

41. 长着河马腿的水怪

1933年,英国《每日邮报》主编想到了一张绝对适合头版头条的照片——尼斯湖水怪的照片!

为了拍摄这张照片,邮报雇用了著名狩猎人马尔马杜克·韦瑟尔和摄影师古斯塔夫·保利。到达苏格兰后,他们便开始了"狩猎之旅"。时间一天天过去了,但是尼西(这是人们给尼斯湖水怪取的名字)却一直没有露面。邮报主编开始变得紧张起来——开支越来越大,而这张头条照片却遥遥无期。

直到有一天,马尔马杜克向邮报的编辑们宣布,他发现了尼斯湖水怪存在的迹象——在河岸的两边,有巨型怪

意想不到！365个科学真相

兽留下的脚印！消息一出，便引起了轩然大波。不仅仅是邮报的工作人员，还包括民众，都对这一消息感到震惊。

不过，有人在湖边发现了一个河马腿形状的雨伞架，将它戳到地上留下的印痕和之前发现的水怪脚印形状一模一样。

这则消息又一次引发轩然大波。水怪是否真的存在又成了未解之谜。这段时间，有关水怪的报道占据了邮报的大部分版面。邮报主编虽然没有实现让水怪照片上头版头条的梦想，却成功吸引了读者的眼球，而且，足足有两次之多！

42. 世界的尽头

世界上最南端的城市是阿根廷火地岛的乌斯怀亚。

它拥有数不胜数的自然美景——壮观的冰川、葱郁的森林、惊人的山峰、清澈的河流以及蜿蜒曲折的海岸。印第安部落的雅马纳族人是这里的原住民。1868年，探险家布里奇带领的一群英国人决定在比格尔海峡附近定居，他们成为乌斯怀亚的建立者。

43. 想要飞上天的人

在莱特兄弟成功地把他们的飞行器送上蓝天前的400多年前，确切地说是1486年，就有一位科学家坚信，人类能够飞到空中。

这个人就是达·芬奇。

达·芬奇是一个兴趣十分广泛的人。他作画，制作兵器，还解剖人体。但是在所有涉猎的领域中，他最热衷的还是飞行器。他仔细研究了鸟类飞行的原理，设计了螺旋桨。这个螺旋桨可以通过自身的转动，"搅动"空气升起。但是，如果他真的去尝试制作这个能飞的螺旋桨，就会发现自己的设计其实是行不通的。

你没有看错，依照达·芬奇的这个设计，是造不出可以上天的飞行器的。

达·芬奇还发明了用于着陆的装备，而这个发明是成功的。这就是人类历史上最初的降落伞。

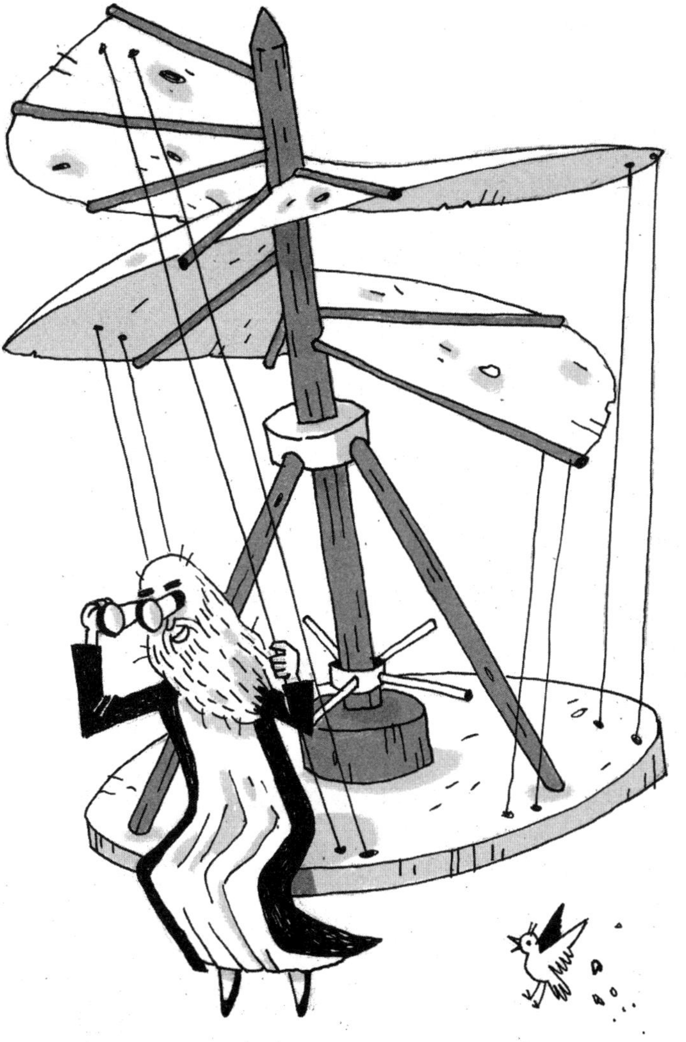

44. 比炸弹的威力还大

恐龙灭绝的原因，至今依然是一个谜。但很多人认为，恐龙的灭绝是坠落到地球的陨石造成的。

有人确信，6 600万年前，有颗陨石撞击了地球，其坠落的地点在墨西哥的尤卡坦地区。因为，人们在这里发现了一个由一颗直径大约10千米的陨石造成的直径约180千米的陨石坑，并将其命名为"希克苏鲁伯陨石坑"。

这个陨石坑大到能轻而易举地容纳一个欧洲小国，例如比利时。

陨石撞击造成的破坏是难以想象的，其威力要大过地球上任何被引爆的炸弹。很多年之后，陨石碎块和尘土才全部落到地面，但此时的地球已经不再像以前那样，有些生物也无法继续生存了。

如果你对恐龙感到好奇，快去读读第53个故事。

45. 喷发了8个月的火山

火山喷发并不十分常见。火山一旦喷发，通常会带来灾难性的后果。

1783年，冰岛的拉基火山喷发了240多天（约8个月），释放了大量的尘埃和有害气体。火山的喷发物先是遮住了阳光，然后污染了土地与河水，这导致动物的大量死亡和饥荒。饥荒导致当地大约四分之一的人被活活饿死。有害物质漂洋过海来到英国，并蔓延整个欧洲大陆，影响了受波及地区多年的气候变化。

46. 月亮是从哪里来的？

很长一段时间，地球都孤零零地绕着太阳公转。

在45亿年前，一颗来自太空的巨型星体撞

上了地球（幸运的是，当时地球还不适宜生物生存）。而这个"太空怪兽"撞击地球产生的碎块和地球的碎片混合在了一起，于是一颗忠实于地球的卫星——月球诞生了。

47. 死亡谷

超过50摄氏度的高温让美国的"死亡谷"实至名归。

第一位给这块地区命名的是威尔利亚姆·刘易斯·曼利，他曾跟随探险先锋队在这块炎热的沙漠中经历了断水、断粮、迷路，并在名为《49年死亡谷》的传记里描述了这段骇人的遭遇。

> 传记中所说的"49年"代表的是1849年，那年的淘金热促使曼利和他的伙伴们为了奔向美国加利福尼亚的金矿而穿越这片令人毛骨悚然的沙漠。

48. 最后的皮里普金拉

远离喧嚣的城市，穿越植被覆盖的小路，在亚马孙河的最深处，是一片茂密的野生森林。在这里，居住着两个

神秘人，他们是最后的皮里普金拉。

皮里普金拉是这片土地上最后的土著。他们赤脚穿梭在森林中，靠捕鱼和打猎为生，保持着最原始的生活方式。他们避免与外界发生接触，其生活的区域虽人迹罕至，却遭受着人类过度砍伐的威胁。

部落的聚会、财富、耕地这些词都与他们毫无关联，因为整个部落现在只剩下两个人了。

这两个人不想与外界有任何联系，对森林外面的世界发生了什么也完全不感兴趣。尽管如此，还是有人进入森林寻找他们的足迹。人们这样做并不是为了打扰他们，如果有证据表明这两个人的存在，那么他们栖居的森林将得到充分的保护。

49. 世界上最危险的海域之一

曾经有一艘荷兰的帆船一路向南，到了美洲大陆的最南端。这一路，海水深不可测，汹涌的海浪猛烈地拍打着摇摇晃晃的帆船，狂风呼啸如同野兽的嚎叫一般。幸运的是，帆船最终穿过了风浪。透过云雾，人们隐隐约约地看到远方有一片灰色的荒芜的土地。

这艘船的船长是雅各布·勒梅尔，他是第一个通过合恩角从大西洋到达太平洋的欧洲人。

勒梅尔的故事发生在1616年。不过，即使是在今天，这段航线途经的区域依然被认为是世界上最危险的海域之一。在那片海域，风速能达到每小时200公里，海水的深度难以预测，狂风暴雨是家常便饭。

不过在勒梅尔的时代，人们没有其他航线可以选择。当时，要想通过那片海域就必须经过合恩角。那段海域实在太危险了，因此人们于1914年在美洲大陆中央开凿了巴拿马运河。开凿运河是一项十分复杂费时的工程，不过比起绕行合恩角，通过巴拿马运河一定是更好的选择。

如果你想要知道更多关于巴拿马运河的信息，可以去读读第263个故事。

50. 幸运的芬兰女人

现在看来难以置信，但很长一段时间，欧洲的女性是没有投票权的。虽然每次选举时，她们都会关注并参加讨论，很多人也有投票的意愿，但却苦于没有投票权。

投票本身是一件十分简单又十分重要的事情。它意味着有权决定谁来治理国家并做出关乎所有人的重要决定。女性很快意识到，被排除在外是一件不公平的事。

因此，她们行动起来，走上街头抗议，要求拥有与男性相同的权利。

1907年，芬兰的女性第一次获得投票权，但其他国家的女性不得不等待更长的时间。在瑞士，直到1971年，女性才和男性一样拥有投票权。直到今天，世界上的某些国家，依然只有男性才能充分表达自己的政治意愿。

51. 疯狂的象棋

车、象、王……国际象棋是一场需要高度集中注意力的游戏。

1989年，伊万·尼科利和戈兰·阿索维进行了一场精彩的对弈。这场比赛充分说明了下棋还需要相当的耐力。实际上，两个人连续对决了20个小时，这场比赛成了史上时间最长的一场象棋比赛。

52. 一个有深度的谜

人类无疑是富有好奇心的生物，到处探险，测绘出越来越详细的地图。人类到过地球的很多地方，甚至去了外太空。

但是，地球还有一个神秘的区域，那就是海洋。它是如此之深，以至到现在还不能完全了解它。仅仅有好奇心还不能够对它一探究竟，因为海底的条件实在是太复杂了。海水越深，水体的重量，即水体对人体的压力越大。人类潜到几百米的水下已经很危险了，即便这样也需要做很多的准备工作。但是，和最深的马里亚纳海沟相比，普通的海底根本不算什么。马里亚纳海沟最深处的深度达11 000米。

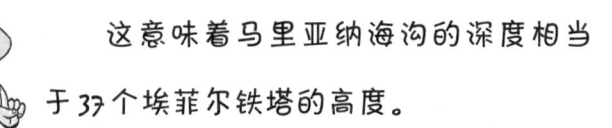

这意味着马里亚纳海沟的深度相当于37个埃菲尔铁塔的高度。

曾经去过马里亚纳海沟的人描述了一个"外太空"的

马里亚纳
海沟

世界。那里没有阳光,水温只有几度,水压极大,海底有独特而神秘的生物。

大洋洋底仍然是一个有待探索的领域。已经有12位宇航员实现了在月球上行走,但只有3位潜水员看到了马里亚纳海沟的底部。

53. 巨人的腿骨

博物学家、化学家、学者、牛津大学教授,同时也是

牛津大学阿什莫林博物馆首任馆长的罗伯特·普洛特，在17世纪下半叶的英国科学界享有盛名。他在《牛津自然史》一书中介绍了各类岩石、植物和出土物，其中包括一件大到令人难以置信的巨人的腿骨。

后来的科学研究证明，普洛特教授的判断有误。不过这也成就了他不经意间的一个非凡发现：这根骨头其实是恐龙的腿骨。不过在那时，没有人知道恐龙曾经是地球的霸主。因此，将这样硕大的骨头解释为巨人的腿骨也不足为奇。

54. 地下城市

在土耳其的中部，有一个名叫德林库尤的地方。

在德林库尤的地下，有一座谜一样的城市。它大约在3 000年前开凿建成，共分8层，能容纳数千人和他们的家畜，还可以存储粮食。这座城市本来是为了躲避敌人突袭而秘密建成的。数千年后被一位先生在家中的地下室偶然发现。

意想不到！365个科学真相

55. 记住苏美尔人！

"历史上最杰出的发明家"称号应该授予苏美尔人。他们是第一个发明轮子的人，至少学者们普遍这么认为。人类最初是用木轮车来搬运重物的。这说明，没有什么比困难本身更能激发人类的智慧了。

56. 数星星

对科学家们来说，夜以继日地数星星可不是一种消遣，而是一种通过掌握星星数量来了解我们生活的宇宙到底有多大的方法。多亏了科学家们的观察和复杂的数学计算，我们才能确定，仅在银河系中大约就有1 000亿个星体（我们居住的地球甚至不属于大的星体）。并且，除了我们所在的银河系，宇宙中还有1 000亿个星系。因此，星星的数量是数不尽的，根本不可能写得出来！

57. 圣地

中国西藏自治区的首府拉萨是一个风光秀丽、历史悠久的城市。藏族人对他们的首府有着高度的评价。拉萨这个名字在藏语里的意思是"圣地"。这个名字和它所在的地理位置有关。拉萨的海拔为3 650米，被石头山环抱着。

58. 世界上面积最小的国家

梵蒂冈城面积仅有44平方公里，被称为世界上面积最小的国家。显然，在一个这样面积的国家中，居住的人并不多。实际上，梵蒂冈只有600名公民。

然而，这个国家的特别之处不仅在于它的面积，还在于它的政体。它是世界上为数不多的君主专制国家。这意味着，国家最重要的决策都是由教皇做出的。

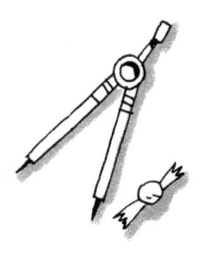

59. 鲸鱼的"歌声"

在大海深处，在那些乘风破浪的帆船之下，鲸鱼们在"唱歌"。它们并不是随意地发出声音，那些听上去幽静、空灵的声音，真的像歌曲一样动人。

当研究人员意识到海底有鲸鱼在"唱歌"时，也有越来越多的人对它们的"歌声"好奇。对鲸鱼"歌声"的研究已经进行了数十年，依然有部分未解之谜等待科学家们去揭示。

60. 骇人听闻的人口交易

一百多年前，奴隶未经允许不能离开主人的种植园，他们即使工作再努力也无法获得报酬，不可以学习阅读或写字，试图逃跑就可能被处死。

而这些仅是《奴隶法案》中的一部分内容。《奴隶法案》是美国18世纪至19世纪实施的法律，这些法案只保证奴隶主的权利。

意想不到！365个科学真相

你是不是觉得19世纪已经十分遥远了？想象一下，它其实就是你爷爷的爷爷那一辈生活的年代。

如今，如果人被当作汽车之类的商品进行买卖，听上去是一件十分疯狂的事情。但是在几个世纪前的美国，这种事却稀松平常。虽然黑人们的辛勤工作奠定了整个美国经济发展的基础，但他们却作为奴隶主的私有财产被随意买卖。

1865年，美国《宪法》的第十三修正案废除了奴隶制，解放了大约四百万的黑人。这场社会变革是通过许多勇士的不懈斗争换来的。

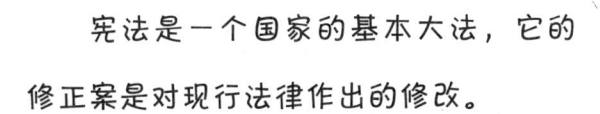

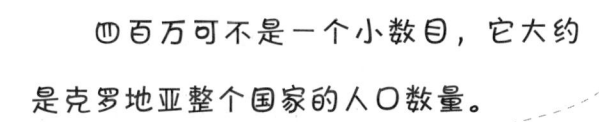

宪法是一个国家的基本大法，它的修正案是对现行法律作出的修改。

四百万可不是一个小数目，它大约是克罗地亚整个国家的人口数量。

61. 人类的超能力

让我们想象一位四万年前的人类祖先是怎样生活的。

他生活在非洲大草原上,身体瘦弱,跑得不快,没有利爪保护自己,也没有锋利的牙齿攻击其他动物。老实说,他一点儿也不强壮。而且,对于居住在这片草原上的大型动物而言,他可是完美的猎物。

没过多久,我们的祖先就意识到了自己的糟糕处境。在思考有什么好办法避免自己成为猛兽的美餐时,他发现远处有一根大树枝倒在地上。对于其他动物而言,这只是一根木头而已。但是我们祖先的大脑已经学会了思考,这几乎是一种超能力。看到大树枝,他就想到可以用它来作为防御野兽或敌人的武器。

同理,地上的洞也就可以成为捕猎犀牛的陷阱;岩石可以变成墙壁,进而借它们建成庇护所;金属可以经过锻造成为武器。渐渐地,人类想出了越来越多利用和改造自然的办法,生活也因此变得越来越好。

这就是人类与动物之间最大的不同:人类能够发挥自

己的想象力，想象出自然界尚不存在的东西，并将其发明创造出来。

62. 微小而无形

甲虫有一种绝妙的办法来避免被它们的天敌发现：它们会在树叶上咬很多小洞，这样树叶的样子就和自己

色彩斑驳的身体十分相似了。因此，这种小昆虫很难被发现，它们会通过自己制造的颜色斑块来保护自己。

63. 来自海底的喷发

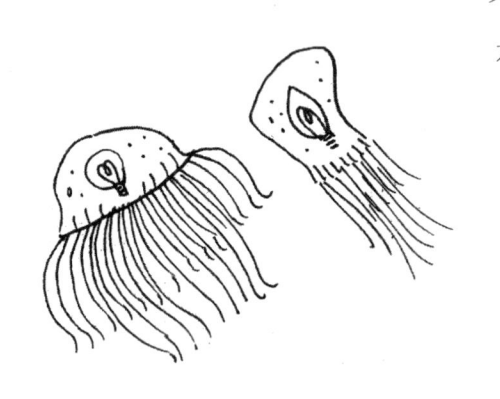

火山是十分危险的，如果有可能的话，庞贝古城的居民会证实这一点。火山学家监视着活火山的每一次活动，试图预测可能到来的火山爆发。

但是，有一类火山人们却不用担心它们是否存在危险，那就是海底火山。因为海底火山喷发多数发生在深海，岩浆几乎始终存在水下。只有浅海中的火山喷发时，海底的蒸气、熔岩和其他气体才有可能到达陆地。

公元前1630年，一座火山在希腊圣托里尼岛附近的海底喷发。学者们估计这次喷发大约产生了数十平方公里的熔岩。对于一座一直被人们忽略的火山而言，这是一个十分惊人的数量。

64. 被公开处死的国王

查理一世是一位因为悲惨结局而被载入史册的英国国王。在经历了克伦威尔领导的反抗运动之后，他成为英国历史上唯一一位受到法庭审判并被公开处死的国王，也是欧洲历史上第一位被公开处死的君主。

摄政期间，查理一世独断专行，不听从其他人的意见。1649年，克伦威尔以暴力的方式结束了他的统治。

65. 长满刺的魔鬼

在澳大利亚的沙漠里，一种外形可怕的蜥蜴正爬来爬去。它浑身长满了棘状的刺，有着矮胖的身体和四只锋利的爪子。19世纪中叶，生物学家爱德华·格雷第一次详细描述了这种奇怪的爬行动物，并为它取了一个形象的名字——棘蜥。后来，因为它极具辨识度的外形，人们又给它取了一个昵称——"长满刺的魔鬼"。

事实上，棘蜥并没有人们认为的那么恐怖。它以蚂蚁为食，并不特别具有攻击性，身上的尖刺只是为了更好地收集水分。事实证明，它的外貌是自然进化的结果。这样的外形更容易使它在沙漠里伪装，不被其他天敌侵扰。

66. 从疯子到英雄

没有人能想到，一位出生在法国，脾气温顺却不识字的农家少女会被载入史册。15世纪，法国正遭受英国的侵略，而这位少女自称有"神秘的声音"在和她交谈，这神秘的声音就是"上天的启示"。

事实上，她差点被送进了精神病院。

这个"神秘的声音"给了少女一个重要的使命，少女勇敢地接受了。这位名叫贞德的少女几经周折，找到并说服了法国"海豚"——王储查理七世，向他保证自己获得了上天的帮助，可以扭转目前几乎已经失去主导

权的战局。

贞德得到兵权，成功解除了奥尔良之围。19岁时，贞德在一次战斗中不幸被英国俘虏，最终于1431年在鲁昂的一个广场上被公开处以火刑。

贞德死后并没有被人们遗忘,她的事迹很快传遍了法国,她被法国人视为民族英雄。

当时的法国,王储在正式成为君主之前被称为"海豚"。

67. 统治地球最久的生物

恐龙在地球上居住了一亿七千五百万年。

相形之下,人类的历史要短得多。自我们最早的祖先出现至今,仅仅过去了20万年。

虽然人类创造了无数值得自豪的纪录,但恐龙仍然是"统治地球最久的生物"。

68. 阿兹特克帝国的覆灭

当第一批西班牙探险队队员登上阿兹特克帝国的海岸时，他们并不知道接下来会发生什么。他们对这片大陆充满期待，希望在历经重重艰难险阻后，能够乘坐装满金银财宝的船只返回家园。

但是，阿兹特克的蒙特祖玛皇帝对于这些不速之客的到来却有着不一样的想法。他坚信这些越洋而来的到访者是上天派来的。

那是1519年，阿兹特克帝国正处于鼎盛时期，蒙特祖玛皇帝派人从帝国的首都给这些来客送上了贵重的礼物。然而，在看到了阿兹特克人馈赠的黄金后，西班牙探险队的负责人埃尔南·科尔特斯更加坚定了自己的决心——必须到达帝国的首都，征服阿兹特克人，将所有能够掠夺的财富带回西班牙。

由于蒙特祖玛把西班牙人当成上天使者的错误判断，毫不设防，最终导致西班牙人的入侵和帝国的覆灭。

69. 31比0

被称为史上最惨烈的一场足球比赛，发生在大洋洲最强与最弱的两个实力相差悬殊的球队之间。

当裁判吹响了澳大利亚队与萨摩亚队比赛的哨声时，很少有人会把这场比赛的胜利赌在萨摩亚这个小岛国的球队上。不过，出乎人们意料的是，这场比赛会以澳大利亚队31比0狂胜萨摩亚队的结果结束。

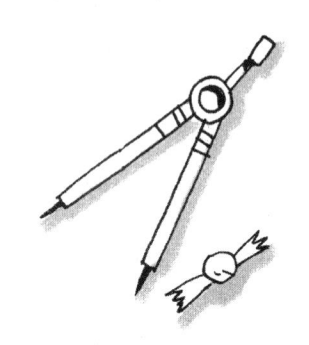

这场比赛发生在2001年，萨摩亚球队因此失去了参加第二年韩日世界杯的参赛资格。而且，这场比赛可以称得上是足球史上比分相差最为悬殊的一场比赛了。

你想了解更多关于世界重量级比赛的事吗？可以去读读第176个故事。

70. 伟大的罗马工程师

在古罗马，城市的空间是一个很重要的问题。

城市在发展和扩大，必须为每个人创造足够的生存空间。因此，建筑师和城市建造者们可谓煞费苦心。如果不能横向扩展，他们就决定在高度上做文章，建造了当时看起来像摩天大楼的建筑物。

其实，当时的"摩天大楼"，只不过相当于现在四层楼这么高。如今，一座四层的建筑物是很普通的。但在当时，那些可以帮助泥瓦工工作的机器还没有出现。人们在使用木头、石头和砖头修建房屋时，坍塌频繁发生，建造"摩天大楼"更是艰巨。

最可怕的还是大火。令人恐惧的大火频繁发生，有时可以毁掉整个社区。但是罗马人并没有因此而灰心丧气，他们从头开始清理和建造，并且将建筑建得越来越高……

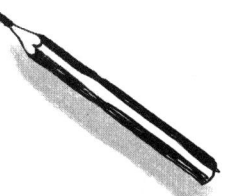

71. 活化石

虽然被科学家称为"活化石"不像是一种赞美，但是在地球上生活了数十亿年的生物被如此定义，一定是"见过世面"的。

活化石指的是那些与已灭绝的史前动物长得非常相似的动物。

如今，它们仍然平静地生活着，自侏罗纪以来它们的外貌、体态并未发生太多变化，但脑瓜应该是越变越聪明了。

如果你想了解更多关于活化石的知识，可以去读读第96个故事。

72. 沙漠之都

撒哈拉沙漠基本上无人居住，但在它的最西端却有一座名为努瓦克肖特的城市。这座城市拥有许多独特之处：

它既是非洲干旱沙漠中最大的城市，同时又濒临大西洋；它像其他城市一样拥有自己的常住居民区，同时也允许过往的游牧民族在其街道上临时驻扎。

因此，被授予"沙漠之都"的称号，努瓦克肖特当之无愧。

73. 是牙医，也是拳击高手

通常来说，生病是一件很不幸的事情，而且在过去很长一段时间里，这可能是人一生中最不幸的一件事了。对于所有的病症，医生们看起来都信心满满。他们相信，自己有办法为患者消除病痛，比如拔牙，但那个时候还没有发明出安全可靠的麻醉术。

过去的麻醉师会根据当时流行的经验使用一些听起来很荒诞的方式实施麻醉，最流行的一种手段就是用拳头将患者击倒。只不过在经历了牙痛后，患者又要去治疗头痛了。一些医生可能会使用鸦片、酒精等物质给病人麻醉。这些东西虽然有助于减轻疼痛，但也有让患者上瘾的风险。

直到19世纪中叶全身麻醉剂的出现，患者才真正摆脱了手术治疗带来的疼痛。

74. 没有登上月球的人

作为第一个登陆月球的人，阿姆斯特朗被载入史册，巴斯·奥尔德林紧随其后，成为第二位在太空行走的宇航员。我们可以想象，实现这样的成就会带来怎样的满足感。但是，我们很难体会，他们另一位不为人知的同事——迈克尔·柯林斯的感受。

他也在阿波罗11号上，负责驾驶这架飞船，将两名同事带入了太空，但他最终并未踏上月球。（这是可以理解的，必须有人留下来指挥这次行动！）

于是，迈克尔·柯林斯因为载人登月被载入史册，尽管他只能透过窗户看着月球。

75. 物理学家眼中的保险箱

请你们想象一个密闭的不锈钢保险箱，它坚不可摧，无懈可击。

我们认为这是一个牢不可破的保险箱，物理学家却不这么认为。实际上，这些坚固无比的不锈钢都是由十分微小的物质——原子组成的。如果进一步观察原子，我们就会发现原子由更微小的粒子——原子核和核外电子组成，核外电子在电磁场的作用下做高速运动。电子在离原子核很远的地方旋转，因此每个原子内部都有许多空隙。

为了更好地理解原子的大小，想象一下在足球场边缘围着球场转圈的蚂蚁，蚂蚁就相当于电子，足球场的中心点相当于原子核。

如果考虑到构成保险箱的所有原子内部都有空隙，就不难得出结论，那些看上去无懈可击的不锈钢其实绝大部分是空的。

如果我们只有亚原子粒子那么小，并且能以足够快的速度躲避电子，我们就能很容易进入保险箱了。

76. 盐度的问题

并非所有海水的盐度都是一样的。例如，像所有不直接与大洋相通的海域一样，地中海的盐度比较高。但红海一定是盐度最高的海，它的海水含盐量很高，即使是没有多少游泳经验的人也可以在红海的海面上浮潜。

77. 铁轨的第一次应用

1804年,第一台蒸汽火车在铁轨上开动,这让在场观看的人们目瞪口呆。这台机车被称为"潘尼达伦"号,是当时科学技术的结晶。它每小时可行驶约8公里,这个速度相当于正常人跑步的速度。虽然仅行驶三趟就坏了,但这却是改变世界的发明创造。

78. 谜一般的暗物质

经过数百年的研究，科学家揭开了宇宙中的许多奥秘，但仍有很多事物有待探索，暗物质就是其中之一。

暗物质是什么，没人能确切地解释，但它一定是存在的。宇宙中有些物质可以通过自身质量产生的引力影响星体系统的运动。

科学家试图寻找难以捉摸的暗物质，但它仍然是个谜。这也提醒我们，想要真正了解我们所生活的宇宙，还有很多工作要做。

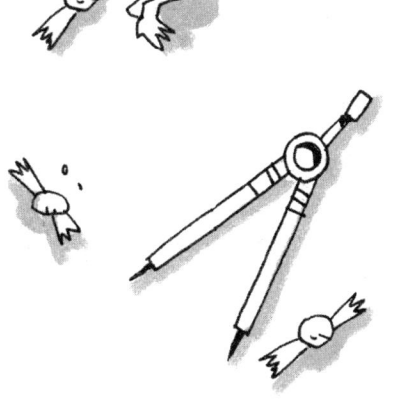

79. 形状奇特的国旗

世界上大多数国家的国旗是长方形的，有些是正方形的，只有一个国家的国旗与众不同、形状奇特。它由两个三角形组成，飘扬在尼泊尔的空中，让看到它的人不由地想起喜马拉雅山脉上的尖峰。

> 喜马拉雅山脉是世界上最高大最雄伟的山脉。它耸立在青藏高原南缘，其主要部分在中国和尼泊尔交接处。

80. 137亿年以后

科学家们惊奇地发现，137亿年前发生的那场宇宙大爆炸，其影响一直持续到了今天——我们身处的宇宙依然在膨胀。至于宇宙会膨胀到何时，没有人知道！

81. 不属于任何国家的土地

一般来说，地球上的陆地都是"有主"的，它们归属于某个国家，但也存在例外。

这个例外就是南极洲。

1820年，第一批船员到达南极洲，短暂停留后就离开了。除了探险家，对这片冬天气温骤降至-40℃的荒凉土地感兴趣的人并不多。

近年来，人们重新燃起探索南极洲的兴趣，多个国家在那里建立了多家科学考察基地。他们来这里，仅仅出于科学研究的目的。在这片大陆，任何军事活动以及营利性行为都是被禁止的。为了明确这一点，人们签署了一项国际条约，重申南极洲不属于任何国家。

82. 把白象当作宠物的皇帝

皇帝、国王和君主常因他们古怪的行为而闻名，神圣罗马帝国的皇帝查理大帝也不例外。他选择白象作为自己的宠物，这头白象是阿拉伯统治者哈伦·拉希德赠送的礼物。故事发生在公元9世纪初，当时，欧洲连一头大象都没有。

查理大帝向他的宾客和朋友炫耀他的宠物。不难想象，所有人都惊呆了。与进攻罗马的丹麦人战斗时，查理大帝也带着他的白象。这头白象虽然引起了敌人的惊慌和恐惧，但在北欧极度寒冷的气候下，它并没能帮助罗马人赢得这场战役。这头白象似乎患了肺炎，这也迫使查理大帝不得不寻找别的动物来陪伴自己。

哈伦·拉希德是个很慷慨的人。翻到第108个故事，去看看他给查理大帝送的另一个礼物！

89

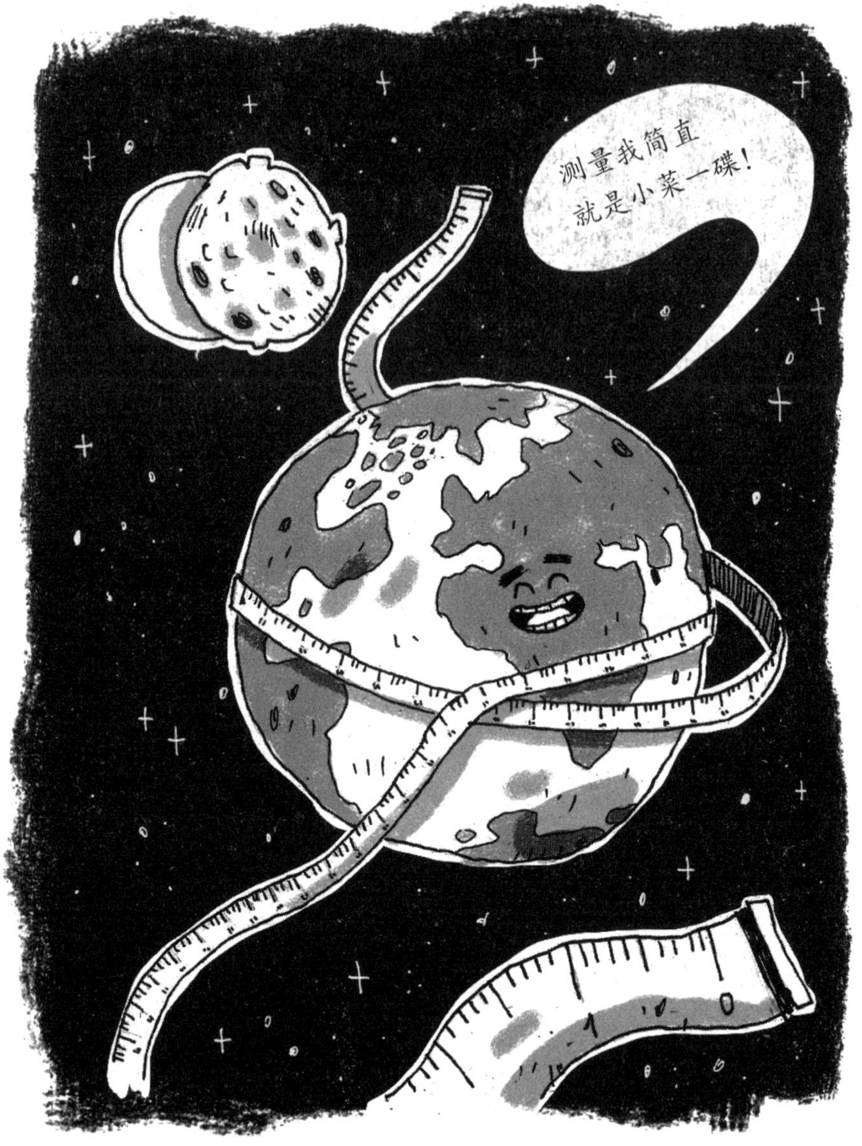
测量我简直
就是小菜一碟！

83. 古希腊人早已知道的事实

在那次发现新大陆的远航开始之前，哥伦布就已经推算出了地球的大小，以及环绕地球航行所需要行驶的公里数。然而，他的推算是错误的。如果考虑到古希腊昔兰尼的埃拉托色尼在很多年前就已经正确地推算出这个结果，那么哥伦布的错误就显得更加严重了。

埃拉托色尼，公元前276年出生于希腊，他对几何学十分了解。基于夏日正午的阳光在不同城市留下的影子长度的不同，他推算出了正确的地球周长——39 700公里（接近准确数值）。

84. 有"钱"之前

让我们想象一下，很久很久以前，一个农民需要一个新瓦罐来存放种子。他去了手艺人的店铺购买瓦罐，但是他只能用自己收获的谷物来支付。手艺人为他准备了合适的容器，但不巧的是，手艺人已经有了足够的粮食。

于是，两个人想来想去，决定去问问隔壁生产奶酪的铺子。如果奶酪铺的人有兴趣用奶酪换粮食，农民就可以用奶酪再来购买瓦罐……

> 如果你觉得这个过程太过繁琐，那你的想法是对的！

这种交易模式被称为"以物易物"。它没有让人们的生活变得简单。早期的人类社会没有货币。但从公元前7世纪开始，人们厌倦了以物易物，开始给一些贵重金属赋予价值，于是货币就诞生了。

85. 国王万岁！

国王、女王、王子和公主不单单只是儿童故事书里的主角。如今，在世界上的许多国家，他们仍发挥着重要的作用。

仅在欧洲，就有11个国王和女王。世界上有7个国家的君主在国家重大事务上拥有最终决定权，即这些国家都是君主专制国家。

86. 瑞士人的贡献

对于很多运动项目而言，已经很难明确它们的发明者是谁了，但登山运动是个例外！瑞士人索绪尔于1786年登上了勃朗峰，标志着现代登山运动的开始。

87. 荒原中的神秘图案

究竟是什么原因促使人类在干旱的荒原中留下数百幅巨大的图案？并且，这些图案许多是由完美的几何线条构成的。

如果我们再补充一点，这项令人难以置信的壮举是在远古时代发生的，没有任何现代技术的帮助，那么听上去就更加疯狂了。

规模庞大的纳斯卡线条直到1927年才被人们发现。它

是以一种出人意料的方式出现在人们眼前的。如果想要领略纳斯卡的全貌，需要坐上飞机从高处俯瞰。最早发现纳斯卡的是秘鲁考古学家泰洛和他的助手。从那一刻起，无数学者对这些图案进行了测量，但是没有人能回答一个最重要的问题——这些沙漠中的巨大图案到底是用来做什么的？

有人推测那是一个巨大的日历，也有人认为它们与宗教仪式有关，甚至有人以此推测出了外星人的存在。即使到了今天，纳斯卡依然是一个等待揭示的巨大谜团。

88. 世界上最长的河流

哪条河是"世界上最长的河流"，并没有一个公认的说法，这一话题曾经引起十分激烈的辩论。尼罗河以6 853公里的长度拥有冠军头衔，但巴西人认为亚马孙河的长度被低估了——这条长6 400公里的河流，其长度应该从它未被计入里程的源头算起，这样就能增加它的长度了。

89. 万物之始

在你出生之前，地球上有什么？人类出现之前，谁曾住在地球上？更早之前呢？

科学家们非常喜欢"以前有什么"这个话题。当我们一直往前追溯，会到达一个起点——宇宙大爆炸。

包括你今天能够阅读到这段文字，一切都始于那场巨大的爆炸。

我们能够追溯到个时刻，也就是137亿年前的某一刻。但是，在那之前发生的事情，依然是一个未解之谜。

90. 最早的现代旅行家

几乎所有生活在17世纪的欧洲年轻贵族都是追求美好生活的行家。他们很少工作，大部分时间花在了交友、晚餐和聚会上。渐渐地，一种新的"时尚"逐渐在他们中间流行起来——能让他们增长阅历的长途旅行。这样的旅行有时持续数月，有时持续数年。他们参观考古遗址，在意大利学习艺术，在法国培养时尚文明的生活方式。整个旅程轻松、愉悦，以至于这样的世界旅行几乎成了那些能够负担费用者的义务。

这听上去好像只不过是富裕的有闲阶层的特殊爱好。

97

并不单单是这样！

英国和德国贵族共同创造了一种新的生活方式，它一直延续到今天：去国外旅行，参观博物馆，到代表当地美食特色的餐厅就餐，放松心情。他们发明了一种休闲方式，或者说创造了旅游这么一个行业！

91. 男性特权！

古希腊奥运会有个明确的规则：女人不能参加奥运会。为了确保没有女性能够混入竞技场，人们要求运动员赤裸着身体参加比赛。

92. 放下武器，参加比赛

在过去，奥林匹克运动会是如此受欢迎，以至它能让包括士兵在内的所有人都终止敌对，专注竞技运动。

只是，这样的传统并没有延续下来，有三届奥运会由于战争而取消：由于第一次世界大战，1916年的奥运会被取消；由于第二次世界大战，1940年和1944年的奥运会也被取消。

93. 跑得最快的动物

在所有动物中，猎豹称得上是最令人恐惧的动物之一了。它是熟练的肉食捕猎者。锋利的爪子和灵敏的反应，让它获得了"世界上跑得最快的动物"称号。

它奔跑的最快纪录是每小时120公里，这个数据是几十年前用相对落后的技术测量得出的。最近，学者们再次测量了几只猎豹的奔跑速度，发现仅达到每小时90公里。这与某些动物的奔跑速度相近，依然是一个不错的成绩。

尽管拥有强大的力量、极快的奔跑速度与卓越的狩猎能力，猎豹仍然面临灭绝的风险。它们的栖息地（主要在非洲和亚洲）在不断缩小，而偷猎者也对它们的生存构成了极大的威胁。

94. 难以抗拒的冰岛小吃

在冰岛，苔藓常被当作零食。人们会把苔藓采集后晾干，并且将其视为健康美味的食物。看上去这很不可思议，不过你要知道，在冰岛的传统美食清单里，甚至还有海藻和煮沸的羊头。

95. 没法自由飞翔的鸟类

如果你认为鸟拥有翅膀就能够飞行，那你就错了。公鸡、企鹅和鸵鸟就是那些注定要生活在地上的鸟类。

原因是什么？总的来说，它们太重了，因此，它们没办法起飞。就拿鸵鸟为例，它的重量达到了105公斤！

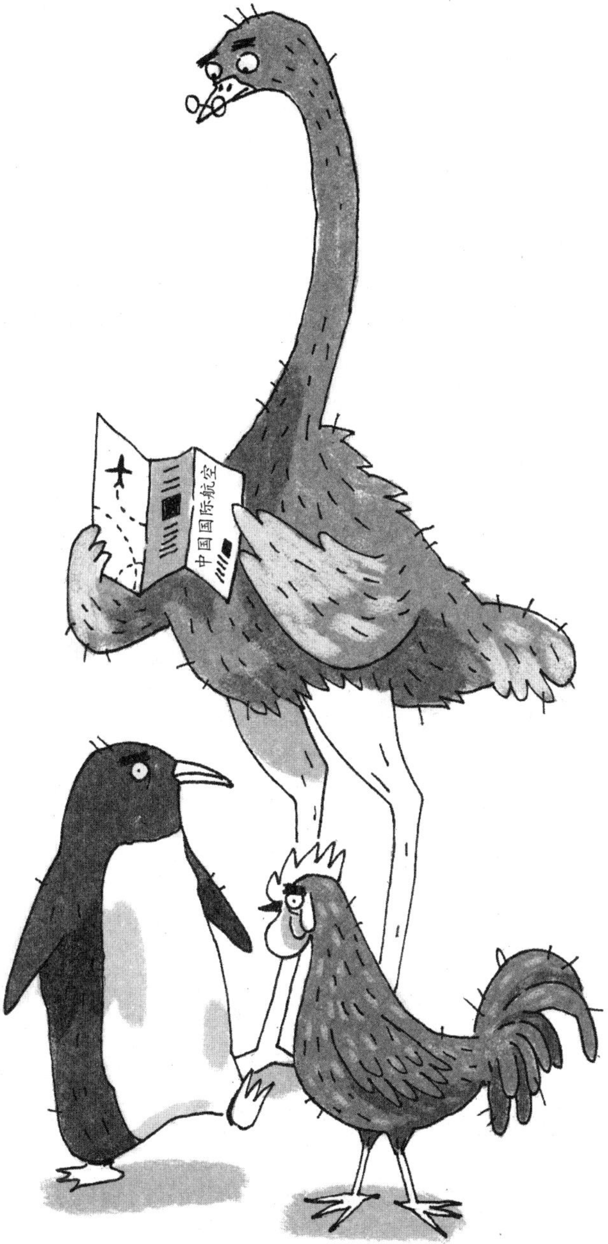
中国国际航空

96. 这种蜘蛛不一般

蜘蛛和鹈鹕之间有什么关联吗？

很少，除了生活在马达加斯加的一种蜘蛛。它只有几毫米大，看起来像鹈鹕，脖子和下颚很长，可以用其下颚上的螯肢捕杀其他蜘蛛。

它就是鹈鹕蜘蛛，在各类蜘蛛之中以可怕的外表传播着恐惧。

> 这种不寻常的蜘蛛似乎已经在马达加斯加的森林中生活了约一亿六千五百万年，这么长的时间足以让它有资格被称为"活化石"。

97. "可爱"的杀手

人们总能在泥沙中欣赏到海星的亮丽色彩，由于优美且不寻常的外表，海星看起来像是一种可爱的动物。

但是，如果你是贻贝的话，那你肯定就不会这样想了。实际上，海星是无情且贪得无厌的海洋捕食者。

它们会花一整天的时间来填饱肚子，能够张开双腕打开各种贝壳并吞食它们的肉，还能够吞食体积庞大（相对于海星本身的大小而言）的猎物。

它们还是英勇顽强的斗士，即使是在战斗中失去了一个腕，也能再长出来。

它们看似可爱的外观其实只是迷惑目标猎物的一种"小招数"。

98. 你的丛林远亲

长期以来，科学家们一直在研究大猩猩的遗传密码，最终他们得出结论：人类与这些丛林野兽之间的基因相似度之高令人难以置信——人类与大猩猩的基因组序列相似度超过98％。

99. 如何在冰城生存

世界上最冷的城市坐落于莫斯科以东约8 000公里的西伯利亚地区，它就是雅库茨克。那里的28万居民在冬天承受着-40℃的低温，严寒迫使人们养成了许多特殊的习惯。

在离开温暖的屋子之前，他们就必须考虑周全，不能遗忘任何御寒物品，因为皮肤在室外暴露几分钟后就开始结冰。如果忘记戴上手套或帽子，可能会被送到抢救室。如果房子建得不好，即使待在室内也不能高枕无忧。在冻层深厚的土地上不容易打地基，而暖气却可以让冰融化，致使房屋倒塌。

前往雅库茨克运送储备粮食的卡车司机遵循着两条规则：一是他们永远不会关掉卡车的发动机；二是车辆结对出发，独自一人很容易因卡车故障而被冻僵。

你可以去读读第104个故事，看看动物们如何度过漫长而寒冷的冬季。

100. 家人相见不相识

1295年底，三位旅行家来到威尼斯。他们身上穿着旁人从未见过的衣服，脸上写满了长途旅行后的疲惫。当人们问他们从哪里回来时，他们说出的都是些人们闻所未闻的城市名字。

这三名旅行家是马可·波罗和他的父亲、叔叔。

他们敲开了家里的门，但是也没有立刻被家人认出。亲戚朋友们都认为他们失踪了。

显然，如果长途的旅行发生在今天，情况就会截然不同。但在1295年，互联网、计算机和智能手机都还没有发明，甚至都没有可靠的邮政服务。一旦往东出发了，这些"马可·波罗"们就很难有机会和家里取得联系。

马可·波罗邀请大家吃饭，并从口袋里掏出一块块宝

石。当看到这些不同寻常的宝物后，亲戚们才认定他们就是几十年前离家远行的家人。

想了解另一位只身经历多年漂流并最终回到家乡的英雄吗？快去读读第206个故事。

101. 冰海里的独角兽

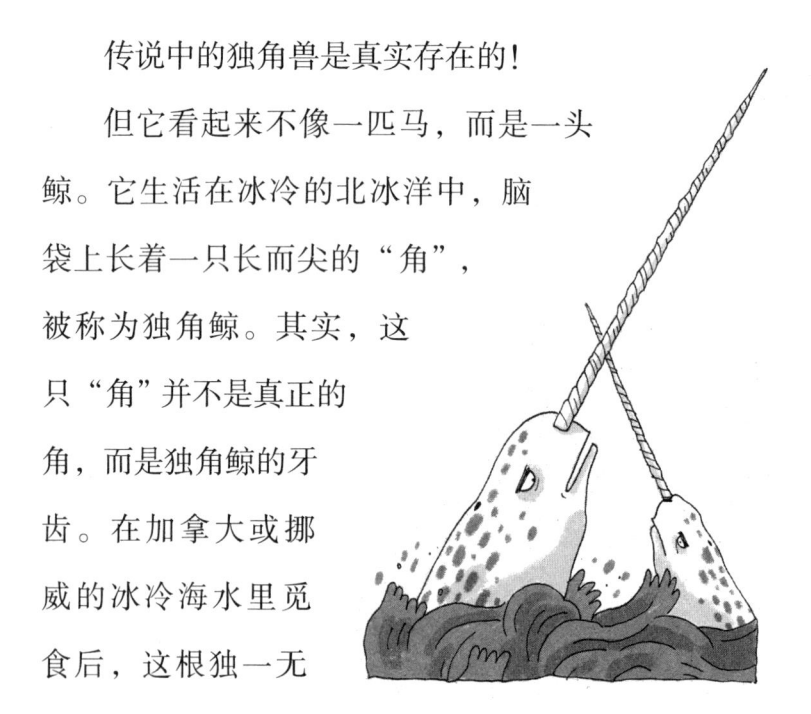

传说中的独角兽是真实存在的！

但它看起来不像一匹马，而是一头鲸。它生活在冰冷的北冰洋中，脑袋上长着一只长而尖的"角"，被称为独角鲸。其实，这只"角"并不是真正的角，而是独角鲸的牙齿。在加拿大或挪威的冰冷海水里觅食后，这根独一无二的长尖牙在独角鲸顶碎浮冰重回水面呼吸的过程中发挥着重要作用。

> 鲸鱼不属于鱼类，属于哺乳动物，它们没有鳃，必须要到水面上用肺呼吸。

102. 禁止打喷嚏！

在日本，我们要尽可能地避免感冒。因为，在公共场合打喷嚏或擤鼻涕，会被认为是极其粗鲁的没有教养的行为。

103. 寒冷的沙漠

沙漠确实是不适合人类居住的地方，不仅因为酷热，还或许因为严寒！

在最热的季节，沙漠的温度超过40℃；而在冬季的夜晚，沙漠的温度可能降至0℃。这是因为沙子和石头并不能储存热量。

而靠近大海的地方，空气中的湿气或天空中的云有助于储存热量。这就是非沙漠地区的昼夜温差不像沙漠地区那么大的原因。

104. 抵御严寒的长眠

在一些地方，冬天的气温很低。令人战栗的严寒使湖水结冰，大雪也让动物的捕食变得困难。

那么为了生存，动物们该怎么办呢？

地球上的生物有着各种应对方法：一些动物会换上又长又密的毛；很多鸟类会在冬天迁徙到更宜居的地方；人类利用火炉取暖，穿上暖和的衣服，还发明了集中供暖；还有些动物则采取了一种更为独特的方式——通过长时间的睡眠来等待春天。

进入冬眠的动物心跳会越来越慢，体温会下降，因为身体会"燃烧"夏秋积聚的脂肪，维持最基

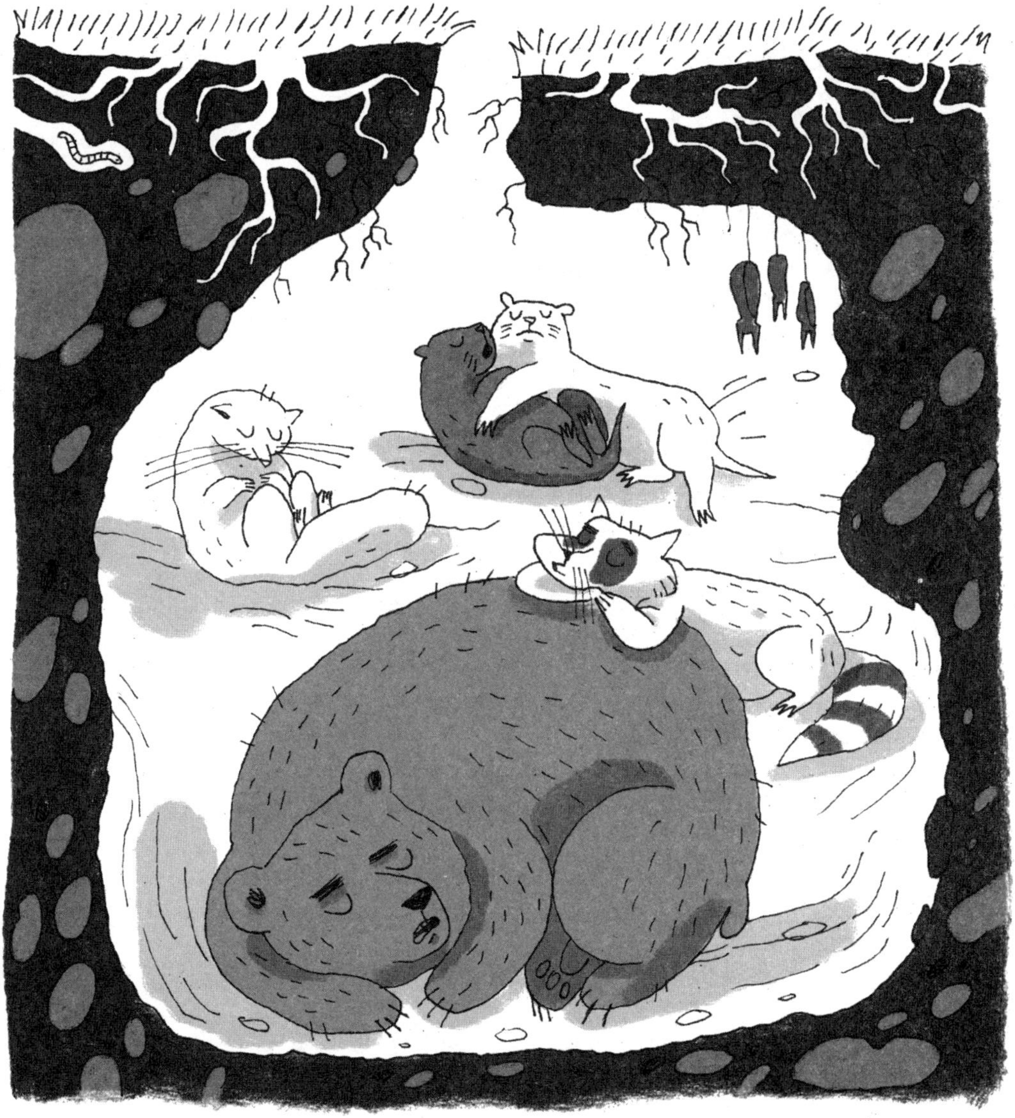

本的生命活动，所以不需要再进食。熊、蝙蝠、睡鼠、浣熊和土拨鼠都是一些会在冬天长眠的动物，冬眠让它们平安地度过冬天。

105. 全能型选手

埃迪·伊根是一位因全能而闻名的美国运动员。他是为数不多的，在夏季奥运会和冬季奥运会中均获得金牌的运动员之一。

1920年，他在比利时安特卫普的夏季奥运会比赛中获得了拳击金牌；1932年的美国冬奥会，他轻而易举地获得了四人有舵雪橇金牌。

这项纪录似乎并没有那么让人觉得难以置信，但在历史上只有四位运动员取得了类似的成绩。

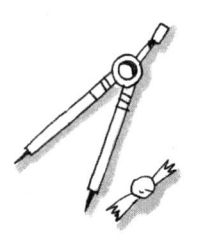

106. 一年究竟有多少天？

地球绕着太阳完整地公转一次，一年就过去了。古希腊人很早就在思考一个问题：地球在围绕太阳公转一圈的同时，自身会完成多少次自转，即一年到底有多少天？现在每个人都能回答：365天！

更为精确的答案应该是365天6小时9分9.54秒。

为了补足这多出来的6个多小时，人类就设定每4年有一个闰年，闰年有366天。

但是，这个答案并不是完全准确的。地球自转的时间是在变化的，每天持续的时间其实并不一样。几百万年前的今天，一天的时间并不足24小时。

107. 牛粪和生日蛋糕

炎炎夏日你跳入海中，你不小心撞到了木质桌角上磕了头，你喷了气味清淡的香水，你咬了一口喷香的面包……我们的感官感受和日常经验表明，物质的种类多到令人难以置信，而且各自都有特点，能够给人们带来不一样的感受。

然而，有趣的是，我们总是可以在这些丰富多样的物质构成中找到同样的元素。

宇宙中的一切物质都由质子、电子和中子组成。它们以不同的方式结合在一起，形成了不同的原子，这些原子又以搭积木的方式聚"沙"成"塔"，最终形成了宇宙。思考两个你认为差异很大的东西。例如，你的生日蛋糕和一坨刚落在草地上的牛粪，两者都是由质子、电子和中子组成的。

108. 最早测量时间的人

通常，最具有创意和革命性的发明都来自简单的观察。或许第一只钟表就是这样诞生的。

尽管钟表发明人的名字没有被载入史册，但我们可以想象，很久以前，有人观察到了树的阴影，如同其他贴在地面上的物体一样，一整天都在有规律地移动。多亏了这种直觉，最早的日晷在埃及开始普及，后来被一种类似于沙漏的水钟取代。

这些工具精巧但不准确，于是后来的许多工匠致力于完善计时的技术。阿拉伯哈里发哈伦·拉希德手下的制表师，成功地研制出精致的水钟和配重的金属砝码，这些仪器后来被送给了查理大帝。

这并不是哈里发送给查理大帝的唯一礼物！你可以翻到第

82个故事，回顾一下哈里发送给查理大帝的另一件大礼物！

但是，日晷或水钟都有很大的问题。它们并不是在所有情况下都能工作。在阴天或是零度以下的天气，它们就会停工（这种情况在欧洲大部分地区非常普遍）。直到13世纪末，欧洲最富有城市的钟楼上出现了第一批大钟，才让人们在任何天气条件下都可以看到准确的时间。

109. 为什么飞机能够飞行

一个重达40万公斤的机械怪兽可以搭载超过500名乘客飞向天空并穿越大海，这听上去是一件十分了不起的事情。

然而飞机已经飞行了数十年。

飞机飞行的秘密在于多种因素——飞机的滑跑速度、飞行速度和高度，机翼的形状以及倾斜度，它们共同发挥作用。发动时，飞机需要在空气反作用力的推动下向前滑动。为了起飞，飞机需要加速滑跑以获得足够的升力；而为了刹车，飞机机翼上方和下方的气压必须相同。

40万公斤，你们可以想象66头非洲象同时起飞……

110. 苹果掉到了牛顿头上

一天，艾萨克·牛顿坐在苹果树下思考问题，一颗苹果落在了他的头上。这件在别人看来再寻常不过的小事，却引发了这位科学家的沉思：为什么物体都是朝着地面方向坠落呢？

他花了好几年的时间思考这个问题，因为这并不是一时半会儿就能想明白的事。最后，他得出结论：任何物体，从苹果到行星，都有吸引它周围其他物体的力。物体的质量越大，其引力也就越大。因此，巨大的地球能够吸引树上掉下的熟苹果、双脚踏在草坪上的牛顿的身体，以及位于地球辽阔表面的任何其他物体。

当然，地球的引力对你也起作用。当你不小心从自行

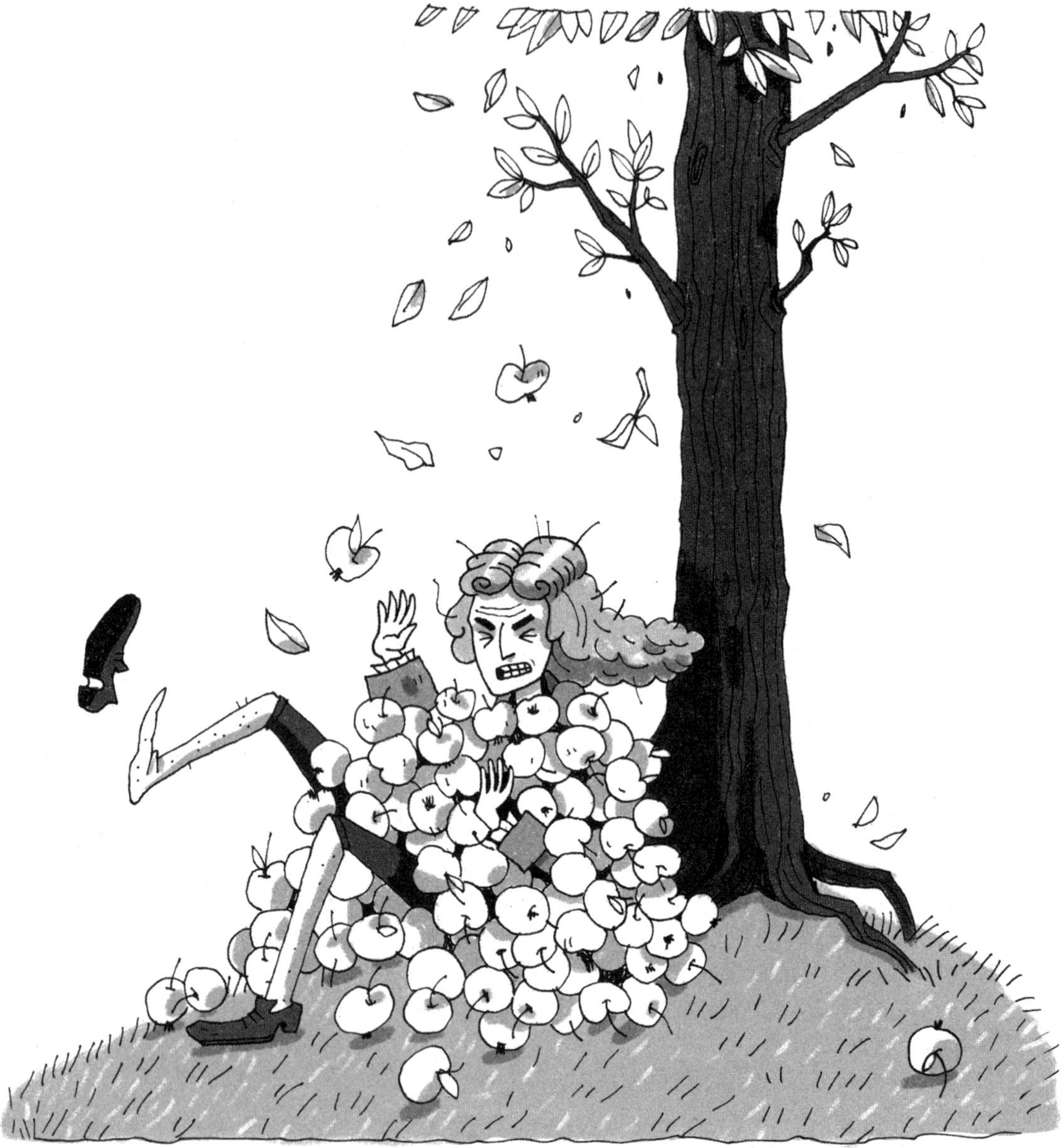

车上摔下来伤到膝盖的时候，你知道应该怪谁了吧。这都是地球重力的错！

111. 阿尔法粒子的轰击

元素是具有相同核电荷数的一类原子的总称。原子很难再被拆分为更小的粒子。如果实在需要拆分的话，我们只能得到一些亚原子粒子，比如电子和中子。

自然界中天然存在的元素共有91种。一些元素是众所周知的，你肯定也听说过，如氧、氮、铝、银、铜和铁。也有一些比较罕见，比如铕和钇。

还有一些自然界中不存在，由人类在实验室中创造出来的元素。它们的名字很奇怪，例如锎和镄。合成这些元素的过程充满了危险，与其说创造它们的是科学家，不如说是超级英雄。例如，使用阿尔法粒子轰击合成元素。但是，如果好奇心驱使你想利用阿尔法粒子轰击合成钚元素，千万不要自己付诸实践，让化学家来做，因为这样做会释放对人体有害的射线！

112. 南半球最有名的企鹅

2011年6月,一只企鹅游到了新西兰的海滩。它游了数百公里,筋疲力尽,意识模糊,迷失了方向。

人们很快注意到了它,将它带到了最近的动物园,并给它取了个名字——快乐的大脚。人们还给它食物,带它去看最好的兽医。快乐的大脚的病情不容乐观:从南极洲距离新西兰3 000多公里,这一路它误食了不少沙子。

快乐的大脚最终出现在报纸上,引来成千上万人关注,很快它就成了明星。最后,一艘船将它护送回家时,新西兰的许多民众都在关注这只南半球最著名企鹅的返程之旅。

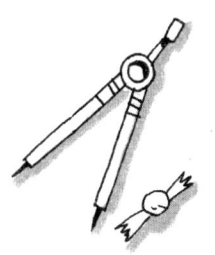

113. 美洲本土的时尚发型

美洲印第安人中的莫霍克族非常重视头发的造型。他们会把脑袋两侧的头发剪短，在中间留个"鸡冠"似的发型。这种发型如今依旧流行。

114. 奥运会的起源

如今，奥运会已成为一项世界性的体育赛事，吸引来自世界各地的数千名运动员参加。这场盛会始于多年前一场简单的竞速比赛，而这场竞赛或许是在一场纪念宙斯的仪式上进行的。比赛发生在公元前776年希腊的奥林匹亚村。运动员们当时还不知道，他们参加了第一届古代奥林匹克运动会。

尽管那场运动会只有一项比赛项目，但古希腊人对此充满热情，决定续办赛事并增加比赛项目。年复一年，奥林匹克运动会越来越受欢迎。公众如此热情，以至各个城邦一致决定休战，避免战士们错过这场盛会。

古代奥运会只允许成年男性参加，18岁以下的男性禁止参加比赛，运动员必须是希腊血统的自由民。奴隶、战俘和女性都不能参加比赛。

公元394年，古罗马人统治了环地中海的疆域，时任罗马皇帝的狄奥多西废除了古代奥运会。

115. 不愿投降的士兵

1974年，在印度尼西亚的一片森林里，人们偶然发现了一个棚屋。棚屋的主人不会说当地的语言，并且坚信第二次世界大战还没有结束，他藏起来只是为了躲避敌人。

停战协定签署29年后，这个名叫中村辉夫的日本士兵终于接受了投降，回到了自己家中。

在20世纪80年代，常有未经证实的消息称发现了躲藏起来的日本士兵。他们被称为"幽灵士兵"，后来成了许多电影和小说的人物原型。

116. 致命的尾巴

在侏罗纪时期的亚洲，有一种名叫"蜀龙"的恐龙。它身长约10米，有自己独到的防身武器——尾巴。它的尾巴末端长着一个骨质的硬棒，骨棒上还长着骨刺。当蜀龙被惹怒时，它会转过身，用致命的尾巴给敌人重重的一击。

117. 最早的"报纸"

人类最早的"报纸"，始于公元前59年，被称为《每日纪事》。它们实际上是古罗马时期向公众展示最新政治信息的木板，被视作报纸的前身！

118. 古代的第一个大都市

如今，巴比伦城已经成为沙漠中的遗址，但在公元前6世纪，它却是世界上最大的城市之一，并以其坚固的城墙、砖砌的巨大庙宇以及传奇般的花园闻名于世。工匠和商人将它建成当时屈指可数的大城市，吸引了来自中东各地包括数学家和天文学家在内的科学家。

那是在公元前600年到公元前501年的故事。

119. 你、陨石和美国总统

你、陨石和美国总统之间有什么共同点？

三者都是同一个宇宙中的一部分，都必须服从同样的物理定律。几个世纪以来，科学家们试图了解一切事物的运行规律。为什么苹果会从树上掉下来？为什么每天早晨太阳升起？为什么火焰是热的？激发人类好奇心的问题真是无穷无尽。

我们的宇宙是一个虽然无序却受到规律约束的世界，这些规律适用于所有事物。

120. 来自海洋的危险

在澳大利亚，虽然受到鲨鱼袭击的可能性很低，但这并不意味着不会发生这类事。仅2017年一年，就有约20人因为这些海洋掠食者遇难。然而，即便没有鲨鱼，在大海里游泳也存在诸多危险。因为汹涌的海浪，291名海泳者有过一段死里逃生的痛苦经历。

121. 空气有多重？

如果一个东西几乎没有重量，我们通常会说，它像空气一样轻。

但是这种表述并不完全准确，因为空气也有重量。

空气有重量这件事并不是显而易见的，想证明它并不

简单（我们不可能把空气放到天平上，不是吗？）。事实上，第一次去做这件事的是17世纪的数学家、物理学家埃万杰利斯塔·托里切利。

通过一个装有水银的玻璃管，托里切利证明水银柱上方的空气和我们呼吸的空气都是有重量的，因为空气阻止了水银完全地从玻璃管中流出。于是，大气压的概念诞生了，人类通过实验证明了大气会对我们产生压力。

有人沿用托里切利的实验方法，带着水银管登上了高山，证明了高山上的空气更稀薄一些，大气压也更低。

122. 宇宙飞船如何飞行

汽车凭借在沥青马路上转动的橡胶轮胎得以在道路上飞驰，轮船的螺旋桨在水中旋转，帆船被风推动着前行，甚至是飞机也需要利用空气才能飞行。但是，宇宙飞船是如何在空荡荡的太空里移动的呢？

在人们憧憬的宇宙飞船出现之前，有一位科学家就在思考这个问题的答案了。艾萨克·牛顿认为，两个物体之间的作用力和反作用力总是大小相等，方向相反，作用在同一条直线上。他奠定了现代物理学的基础。即使是在没有沥青路面、没有水和空气的太空，太空飞船引擎向后喷出的气体依然会给飞船自身施加一个反作用力，从而推动飞船向前方行进。

123. 两国友谊的象征

自由女神像是美国最著名的纪念碑之一，已成为美国文化的重要象征。它矗立在美国纽约。

它93米高，这相当于18只长颈鹿叠在一起的高度。

然而，奇怪的是，它不是由美国人设计的，而是由一位名为弗雷德里克·奥古斯特·巴托尔迪的法国雕塑家在古斯塔夫·埃菲尔的帮助下完成的。这件雕塑在1883年被送给了美国政府，成了美法两国人民友谊的象征。

124. 电影般的人生

《夺宝奇兵》系列电影的主角——印第安纳·琼斯，是以一位美国考古学家为原型创作出来的。这位考古学家名为罗伊·查普曼·安德鲁斯，他曾乘船在北极地区航

行，游历中国，并在科学考察和探险的过程中发现了史前动物的化石。他还担任过纽约探险家俱乐部的主席。他的晚年就是在撰写自己的冒险经历中度过的。

125. 物理学界的重要课题

在物理学中，有一个尚未被科学家解释清楚的神秘现象，那就是磁体的单极问题。

每个磁体都有两个磁极，我们称为南极和北极。它们总是成对出现。一个磁体，如果将其分成两半，就会得到两个较小的磁体，每个磁体都有一个北极和一个南极。换句话说，有北极的地方也会有南极。

科学家们一直都在思考：有可能获得单极，也就是一个只有北极或者南极的磁体吗？于是，单极问题就成了物理学界的一个重大研究课题。

1982年，斯坦福大学物理系有一个发现——一台仪器检测到了磁单极的存在。

这是一个令人震惊的结果，但没有人能够复制检测结果或对检测结果做出解释。而磁单极，在神秘地出现后，又神秘地消失了。

人们仍然怀疑磁单极是否真的存在，或许那次的发现只是当天实验室研究人员开的一个玩笑。如此说来，单极的存在就像年轻的物理学研究人员的幽默感一样难以证明。

126. 太空台球

我们的太空虽然广阔，但是有时也难免发生拥挤状况。

因为有数十亿个天体，所以某一颗卫星、彗星或者行星出现在其他天体轨道上的情况时有发生，它们在银河系这个巨大的"台球桌"上进行着剧烈的碰撞。

127. 汽车靠左行驶

在中世纪，人们骑着马去旅行。这种旅行并不轻松，因为要冒着被强盗袭击和抢劫的危险。因此，明智的选择是沿着路的左侧前行，这样就可以用右手轻松地拔剑，并在危险情况下保护自己。

18世纪法国大革命后，罗伯斯庇尔依法下令人们要沿着路的右边前行。

现如今，多数国家都以法国作为典范，汽车靠道路右侧行驶，而英国则是少数选择保留汽车靠道

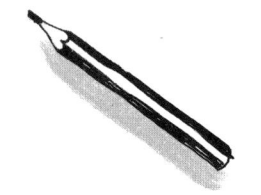

路左侧行驶的国家之一。

> 罗伯斯庇尔,法国大革命时期的政治家,1793—1794年间法国实际的最高领导人。

128. 火星上的石子

为了弄清楚火星的表面有什么,或者说,曾经存在过什么,宇航员们执行了艰巨复杂的太空任务。

除此之外,还有一种相对简单的方法,可以用来研究这颗红色的星球,那就是收集坠落到地球表面的火星陨石。

这个方法尽管没有受到太多关注,却给科学家们带来了意外的收获。

在南极发现的一块名叫"山藤593"火星陨石上,存在着似乎是细菌生命体的化石。

这些细菌形态的物质不禁让好奇的人们产生疑问:火

星上是否真的存在过生命？

如果想知道火星为什么是红色的，快去读读第145个故事吧。

129. 禁止死亡的地方

在世界上某些地方，人不能死亡。也就是说，虽然法律阻止不了人的死亡，但可以规定人死亡违法。位于北极圈内的斯瓦尔巴群岛上最大的城镇朗伊尔城，就是这样奇特的地方。

这项禁令是在那场造成了当地人大量死亡的西班牙大流感暴发若干年后制定并实施的。尽管过去了很多年，严寒会使死者的尸体依旧保持着死亡时的状态。当地人不禁心生疑惑：既然尸体没有完全分解，那么造成了人们大量死亡的流行病病毒是否依然还留存在逝者的遗体中？病毒是否有可能复苏并再次袭击人类呢？

出于安全原因，人们认为在斯瓦尔巴群岛去世的人对于生者来说实在太危险了，因此城中生病或年纪大的人会被转移到其他地方。这就造成了一个奇怪的现象：斯瓦尔巴群岛上既没有养老院，也没有墓地。

流行于1918年至1919年间的西班牙大流感造成了全世界约10亿人感染，至少2500万人死亡。

其他关于极寒地区的趣事，可以读读第81个故事。

130. 寻求安宁的僧侣

公元6世纪末，爱尔兰僧侣因无法安静地祷告，决定走遍全国，寻找一处僻静之地来建造理想中的寺院。

他们一路向西走了很远，但是依然没有找到他们满意的地方。正准备放弃时，他们发现海平面上有一个小岛。

那是斯凯利格·迈克尔岛。

岛上高耸的礁石矗立于海中，寒冷刺骨的风从海边

吹来,暴风雨让航行变得几乎不可能,只有小得可怜的土地适宜耕种。这些因素使斯凯利格·迈克尔岛完全算不上一个"宜居之地"。不过,对于僧侣来说,它却是完美的目的地。

登岛后的几十年里，他们修建了一条长长的石梯，借助石梯可以从海滩爬上200米高陡峭的山坡。后来，他们又在山坡建造了几间简单朴素的小石屋。几个世纪以来，都有僧侣独自待在那里，守护着欧洲这块偏远的边陲之地。

131. 一场结局糟糕的比赛

篮球运动员科米特·华盛顿成名并非因为其常胜的赛绩，而是因为1977年洛杉矶湖人队与休斯敦火箭队之间的那场悲剧般的比赛。华盛顿在那场比赛中用拳头击中了对手鲁迪·汤姆贾诺维奇，致使汤姆贾诺维奇面部和头部骨折。

132. 盛放大脑的罐子

死后被做成木乃伊是一种莫大的荣誉，因为在历史悠久的文明古国埃及，只有重要人物死后才能被制成木

乃伊。

但是，制作木乃伊的过程并不愉悦。即将成为木乃伊的幸运儿，其身体里所有"软"的部分都会被掏空——心、肺、肝、脑等器官会被存放在专门的罐子里，而肢体的其他部分则会用亚麻布包裹后脱水干燥。

这听上去十分可怕，但在那个时代，制作木乃伊是一件神圣且非常重要的事情。

133. 日不落帝国

在16世纪，有一个强势的皇帝，他统治的王国从来就没有落日！

他就是哈布斯堡王朝的西班牙国王查理五世。他没法将自己的野心在其他星球上实现，但他将西班牙的边界从欧洲拓展到了美洲。这样，当马德里还是晚上的时候，墨西哥城仍然是白天。

> 查理五世特别喜欢夸耀自己帝国广阔的领土面积，且从未在战争面前退缩。但领土并非都是他征服的，许多领土是他继承的！当时，国王和王后的家族各自拥有不同的领地，这些领地通过联姻和继承的方式被转交给其他的贵族。

134. 为什么能看到行星

太阳系的行星和恒星不一样，恒星在燃烧，而行星本身不会发光。

如果你能看到行星，这都归功于我们的恒星——太阳。它就像一个大型的灯泡，照亮周围环绕它的一切星体！！

135. 真重！

在火药未投入战场之前，箭、矛和剑都是十分危险的武器。为了保护自己，中世纪的骑士们常穿着坚固且沉重（重量可达三十公斤）的盔甲。

制造一套盔甲需要手艺娴熟的匠人工作好几个星期，而且材料成本很高。尽管如此，那些给自己买了盔甲的人还会为自己的战马买盔甲。穿着这么重的盔甲，要是自己因战马被击中而倒地，实在是一件令人讨厌的事！

136. 黑死病！

对于克里米亚卡法城的居民而言，1347年是不平凡的一年。这座城市正处于包围之中。由于敌人的封锁，它与世界其他地区隔绝，投降迫在眉睫。

然而，在城墙外驻守的鞑靼人中，一种奇怪的无法治愈的疾病开始蔓延。这种疾病能够迅速致人死亡，且极具传染性。这让卡法城里的一些人松了一口气。

就在鞑靼人因为这场夺走了许多人生命的传染病而分散了注意力时，有几艘船成功地逃离了这座城市，而且登上船的人幸存了下来。或许正是通过这几艘船，这场可怕的传染病抵达了欧洲，最终成了著名的"黑死病"。

君士坦丁堡、墨西拿、威尼斯、热那亚，这场由东方士兵带来的疾病迅速在各个城市迅速蔓延。没过多少年，整个欧洲大陆的人口数量因此急剧减少。统计死亡人数并不容易，也没有人知道当时欧洲人口的确切数量，后人估算的死亡人数是2 500万。

这占当时欧洲总人口数的三分之一。

137. 总是能进决赛

能让旧大陆引以为豪的是它的冠军足球队。在每场足球世界杯比赛中，总有一支欧洲球队会进入决赛或是半决赛。

> 旧大陆是指在哥伦布发现新大陆之前，欧洲人认识的世界，包括欧洲、亚洲和非洲。与此相区别，新大陆主要指美洲大陆。

138. 代表三个国家的旗帜

1603年，当苏格兰的詹姆士六世成了英格兰国王并将名字更改为英格兰的詹姆士一世时，他认为有必要让他的新臣民以某种方式接受自己。这就需要有一个象征性的举措，那就是重新设计一面国旗。

因此，他将出现在两个国家国旗上的圣安德鲁十字和圣乔治十字合并成了一个符号。

也许这是一个很棒的主意，因此在1801年爱尔兰加入联合王国时，人们在旗帜里又加入了圣帕特里克十字。世界上最著名的国旗之———米字旗，就这样诞生了。

圣安德鲁十字旗是蓝底衬×形白十字的旗，圣乔治十字旗是白底衬红十字的旗，圣帕特里克十字是白底衬×形红十字的旗。

139. 禁止留胡子！

17世纪末，俄国沙皇彼得对欧洲进行长期访问后，更加明确了什么类型的国家是他所喜欢的。不幸的是，在他看来，俄国还远不像欧洲那么现代。

于是，他决定从当时每个俄国人都会留的胡子下手，使自己的国家更加"欧化"。

沙皇回到家，拿了刀片和剃刀，亲自剃了和他最亲近的贵族们的胡子。然后，他制定了禁止留胡子的法

律。而那些无法放弃传统的人，需要交胡子税。

在第169个故事里，你可以发现沙皇彼得的另外一个疯狂的想法。

140. 绵羊之国

澳大利亚是国土面积世界排名第六的国家，但其人口总数仅比纽约市略多一点，大约2 300万。如果从人口数量来看的话，这是一个地广人稀的国家。

但是，如果我们不看人口数量而看绵羊数量的话，情况就不一样了。人们估计这里有7 000万只绵羊！

也就是说，澳大利亚的绵羊数量比意大利的人口总数还要多！

141. 俄国现在几点？

俄国现在是几点？

这取决于城市！这个国家实在是太大了，可以划分为11个不同的时区。如果要知道穿越这个国家的长途火车什么时间发车，请以莫斯科时间作为参考标准！

142. 尿液和饮用水

在缺少重力的情况下，太空中的任何东西，包括液体，都会飘浮在空中。

哪怕在卫生间里，宇航员们的尿液也不例外。为了解决这个问题，并且避免尿液飘浮在太空飞船里，宇航员要将尿液排泄到一根可立即将其吸走的管子中，这根管子连接着一个可以将尿液转换为饮用水（是的，你没看错！）的净化器！

143. 轰动性的胜利

在1991年12月的一场篮球比赛中，克利夫兰骑士队以压倒性的优势击败了迈阿密热火队，创下了148比80的纪录。这场比赛造就了NBA历史上分差悬殊最大的一场比赛。

144. 世界多少岁了？

宇宙，即我们所生活的世界真的老了。据估算，一切都开始于137亿年前。在那时，宇宙很年轻，体积也很小，

最初只是一个小点。一件事情改变了这一切，那就是宇宙大爆炸！

145. 红色行星

"红色行星"火星的颜色来自它表面岩石中所含有的氧化铁。

氧化铁呈红色或深红色，可以用它制作颜料。

146. 魔术有，通灵没有

哈利·胡迪尼是有史以来最著名的魔术师之一。在他最著名的一场表演中，他自己被人倒悬在一个装满水的透明水箱中，手脚被捆绑。但他最终成功逃生！

这看起来像是被施了魔法，但实际是经过精心构思的魔术表演。胡迪尼一直对此很清楚。他不喜欢那些用魔术欺骗大众的人。事实上，他还揭露了一些谎言和骗术，证明了通灵只不过是一场闹剧，没人能真正与死者对话。为此，他发起了一个挑战，承诺自己过世后将尝试与妻子贝丝联系。丧偶的贝丝等待了多年，但从未发现丈夫出现的迹象。

通过自己的死亡，这个历史上最著名的魔术师告诉我们，超自然现象并不存在。

147. 和现代不一样！

人们对于羞耻的感受是随着时间而变化的。例如，在米诺斯王朝时期，克里特岛的女性出门时都是袒胸露乳的。人们并不以此为耻。

米诺斯王朝是约公元前2850年至公元前1450年发源于爱琴海地区克里特岛的一个王朝。

148. 荷马真的存在吗？

众所周知，《伊利亚特》和《奥德赛》是古希腊诗人荷马的代表作品。但这真的对吗？

许多学者提出一个尖锐的问题：荷马真的存在吗？有人认为他的著作并不是某一位作者的作品，而是多年来一代代说唱艺人的故事汇编。

故事在被收录之前，已经有吟游诗人和歌唱者们在讲述那些记在他们心里的故事了。每位讲述者会根据听众喜好添加一些故事细节，或是对故事进行改写。

如果这个说法是对的，荷马或许根本就不存在。《伊利亚特》和《奥德赛》的真正作者是所有那些讲述故事的人，甚至还包括听众！

> 那个时代的吟游诗人和歌唱者们就如同今天的广播和电视！

149. 海浪中的危险

号称"海黄蜂"的箱形水母生活在澳大利亚海域中,长着3米多长的触角,上面遍布着充满毒液的刺细胞,是世界上最危险的动物之一。触角释放的毒液可以在几分钟内杀死人类。

如果遭到这种可怕的水母袭击,受攻击者根本没有逃脱的可能。

这种水母身体透明,而且能够在水里快速地移动,这使其攻击更具有杀伤力。

如果你对可使人致命的动物感兴趣,请读读第264个故事。

150. 消失的城市

幽灵般的文明古城亚特兰蒂斯谜一样地在一天之内消失了。在过去的几个世纪，这不断引起人们的兴趣，并引发各种猜想。从来没有人发现过沉没在海洋中的岛屿，但是这个传说依然在流传。

但是，到底是谁第一个谈论亚特兰蒂斯的呢？

他就是生活在公元前3世纪的柏拉图。或许这是为了更好地解释他的政治思想而编造的故事。当然，柏拉图没想到，自己编造了一个流传至今的神话。

151. 不幸的旧金山

旧金山是美国加利福尼亚州的著名大都市：这里有海滩、棕榈树、阳光以及各种自然灾害！

事实上，这座城市已经见证过多次居民区因大火和地震而被完全摧毁的情况。1906年，一场可怕的地震摧毁了这座城市近80%的区域，这足以载入史册。

152. 天上的巨物

木星是太阳系中最大的行星,这个庞然大物令人印象深刻——它比地球大300倍。

153. 海因里希·施里曼

海因里希·施里曼是历史上最著名的考古学家之一。1871年,他在土耳其发现了荷马史诗《伊利亚特》中记载的特洛伊古城遗迹。

他早就确定,离大海不远的一座小山,就是应该挖掘的地方。

他是对的!

如果海因里希·施里曼晚出生一个世纪,发现特洛伊的遗迹可能就没那么简单了。为了能够找到藏在地下更深处、年代更久远的遗迹,最早出土的文物或多或少都受到了破坏。最后,施里曼终于找到了传说中的特洛伊城。当瞥见花瓶和珠宝的残留物时,他支开了其他人,只在妻子的帮助下继续挖掘。最终，他自豪地向世界宣布了自己的发现，并因此声名鹊起！

154. 神秘的语言

世界上现存十多种神秘的语言，它们来自过去，属于现在已经消失的文明，还没有人能够破译它们。

埃特鲁里亚语就是其中之一。学者们已经能够理解它的字母组成，知道一点点它的语法，但是直到今天没有人能够真正理解这门古老的语言。它与其他语言没有任何亲缘关系，留给我们的书面文字也少得可怜。

155. 罗塞塔石碑

一块在公元前196年被祭司们用来告知国王减税的石板，为什么会被看作无比重要的出土文物？

罗塞塔石碑（这块石板的名字）的价值在于它上面刻有三种文字：古希腊文、埃及人当时使用的文字和古埃及象形文字。

石碑上的古埃及象形文字只有当时的祭司才能读懂。几百年之后，就没有人能读懂它们了。

19世纪初石碑被发现时，考古学家对古埃及象形文字还一无所知，人们对古埃及文明的了解十分有限。

罗塞塔石碑出土后，数十位学者从古希腊文开始，

试图破译其他两种语言，法国人让·弗朗索瓦·商博良隆做到了。他解密了古埃及象形文字，揭开了法老的语言之谜。

156. 夺命的镜子

法国国王路易十四在计划建造凡尔赛宫时，想将其建造成一座宏伟豪华的宫殿。因此，他决定在其中的一个大厅里放满镜子。

在当时，镜子是稀有珍贵的东西。因此，只有有权势的君主才敢用357面镜子去装饰一个大厅。

只有少数威尼斯工匠知道如何制造这些珍贵的物品，并且一直谨慎地保守着秘密。威尼斯政府同意派一些工匠到法国，但随后又派人杀死了这些工匠。镜子的秘密被守住了！

157. 9岁的法老

图坦卡蒙在年仅9岁时就成了埃及法老。他的执政时间不长，因为他在很年轻的时候就去世了。尽管只是个孩子，但在其执政的10年中，他取得了举世瞩目的成就。他赢得了祭司们的信任，为国家带来了和平。他生前受到人们的爱戴，死后流芳百世。

图坦卡蒙一去世，尸体就被做了防腐处理并下葬。他的木乃伊在金字塔里沉睡了很多年，直到1922年，两位英国著名考古学家发现了它。

图坦卡蒙只活了19岁，但他的木乃伊在被发现时已经保存了3 245年，而且依然保存完好！木乃伊周围堆满了大量的奇珍异宝。

158. 不仅仅是传说

很难证明传说中半人半牛的牛头怪真的存在过，但是传说中锁住它的迷宫是存在的。它就是克里特岛的米诺斯

宫殿。这座宫殿十分庞大，内部布局错综复杂，由1 000多个房间组成，可以说是真正的迷宫！

159. 火热的星球

降落到金星上的探测器记录下一个令人十分不适的温度——500℃。金星的表面温度是如此之高，一是因为它距离太阳近，二是因为它还像地球一样拥有厚厚的大气层，这导致它从太阳吸收的热量无法快速散发出去。

> 在地球上，有记录的最高温度甚至还没有到达60℃。

160. 金字塔是什么

大约5 000年前，古埃及的法老下令建造金字塔，作为自己死后安眠的地方。这是一种宏伟、庞大的建筑，需要耗费大量的人力、物力方能建成。

总的来说，金字塔是用来埋葬法老遗体和宝藏的坟墓，它向人们彰显了统治者至高无上的权威。

161. "杀手"考拉

到澳大利亚探险的旅行家们都会被告知警惕"杀手"考拉。这是一种危险且具有攻击性的考拉，一种能用锋利的尖牙恐吓、袭击人类的树袋熊。奇怪的是，据说它们不攻击那些说话带着澳大利亚口音的人。

实际上，"杀手"考拉并不存在，它只是一个用来调侃游客的传说。但是，这种幻想的动物在这个国家最重要的博物馆之一——澳大利亚博物馆中占有一席之地。人们把它与袋鼠、蛇一起展出。

162. 篮球运动的发明人

篮球运动是世界上为数不多的，由体育人士独立发明的运动。这位发明家就是美国斯普林菲尔德的体育老师詹姆斯·奈史密斯。1891年，他向自己提出了一个问题：在不能到露天场地运动的寒冷月份，该如何安排学生活动？

他似乎受到自己小时候和小伙伴们一起做游戏的启发，将学生分为两队，并制定了13条规则。于是，篮球运动诞生了！

163. 温布尔登之鹰

英国伦敦西南部的小镇温布尔登以举办网球赛事闻名。网球比赛进行期间，鸽子不能在温布尔登飞翔。这是一条铁律，因为飞禽可能会分散运动员和观众的注意力。

训练有素的猎鹰确保了场地上方的天空不受干扰。比赛开始前，它们会在场地上空飞行，赶走"入侵者"。

164. 不要碰那座墓

"我看到了惊人的东西！"考古学家霍华德·卡特在1922年第一次看见埃及法老图坦卡蒙墓内的情景时说道。

我们难以得知，当"任何亵渎坟墓而打扰法老的人都会受到诅咒"的咒语被传开时，卡特是怎么想的。

图坦卡蒙的诅咒成了很多人都深信的传说。尽管卡特在发现石棺很多年后才去世，但资助卡特探险的卡纳封伯爵早在1922年就已经得病了。

165. 不可思议的牙齿

牙齿是鲨鱼最致命的武器。鲨鱼的牙齿数目众多，成排分布着。作为凶猛的掠食者，它的牙齿磨损得很快，原有的牙齿断裂、脱落并被新长出的牙齿取代。鲨鱼一生中会更换成千上万颗的牙齿。

166. 改过名字的运动项目

排球运动起源于美国，最初被称为"小网子"。与篮球运动一样，这项运动是为了满足冬季室内训练的需求而产生的。

167. 最艰难的监狱

1933年，恶魔岛上的军营被改造成了一座最高安全级别的监狱。这座距离旧金山市两公里的岩石岛似乎是囚禁最危险罪犯的理想之地。

然而，试图越狱的囚犯多达36名。他们中的一些人再次被捕，其余囚犯则成功逃脱，但仍有5人的命运不能确定。他们可能在逃命途中溺水而亡或是到达了海岸。总之，之后再也没有人得到过他们的消息。

168. 巨轮沉没，谁之过？

一般来说，泰坦尼克号沉没的原因不止一种，但许多人仍将矛头指向船长爱德华·约翰·史密斯。悲剧发生当晚，几名水手提醒他海水中有令人担忧的冰山，但船长无视这一提醒，并下令继续全速航行。因为这是他退休前的最后一次航行，他想创造以最短时间到达纽约的航行纪录，以便给世人留下一个好印象。

169. 从无到有的城市

可以在一片冬天结冰、夏天多雨且空无一物的沼泽地上建造一座城市吗？

如果下命令的是沙皇彼得二世，那就有可能！

建造新城市的工作复杂、艰巨，劳工的生活和工作条件恶劣。起初，数百名农民被迫参与建造工作，不少人因繁重的劳动和疾病折磨死去。后来，同等数量的俄罗斯人被强制迁入城内，城市的人口也越来越多。这个血腥的项目最终完成了——圣彼得堡诞生了！

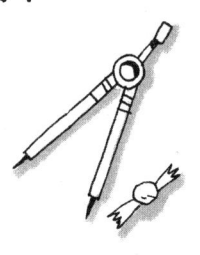

170. 偶然的冠军

牛津大学的学生约翰·皮乌斯·博兰是一名网球爱好者。1896年,他向学校请假,要去雅典观看奥运会。因为那一年,他最喜欢的运动第一次被列入奥运会比赛项目。

朋友为他准备了一个惊喜,替他报名参加了网球比赛。他欣然接受了朋友的好意,并带着当场获得的衣服和球拍参加了比赛。出乎意料的是,约翰在男子单打和双打两个项目中均获得了金牌。就这样,他幸运地成为奥运会历史上第一位网球冠军!

171. 穿越到第二天

在过去的很多年里,人们习惯于通过太阳在天空的位置区分早晨和下午,想快捷而准确地测量时间并不容易。

在英国,随着钟楼上的第一批大钟的出现,人们可以精确地知道一天中的任何时刻。由于人们的作息与当地日出日落的时间紧密相关,当长途旅行时,人们就面临着

"各地时间如何同步"的问题。

1884年，人们决定将世界划分为24个不同的时区，每个时区都采用同一个时间。从东向西每向前移动一个时区，就需要将钟表的分针沿逆时针方向旋转一圈，也就是将时钟拨慢一小时，直到连接南北两极并穿越太平洋的180°经线那里。国际日期变更线就位于这条经线上。如果越过了这条假想线，将直接穿越到了第二天……

为避免在一个国家中同时存在两个日期，国际日期变更线并不是一条直线，而是折线。

172. 木乃伊告诉你真相

伟大的图坦卡蒙皇帝在很年轻的时候就驾崩了，当时他还不到二十岁。许多人怀疑有人谋杀了他，但研究人员通过分析他的木乃伊，了解了他的身体状况，最终得出结论：皇帝生病了，很可能是自然死亡。

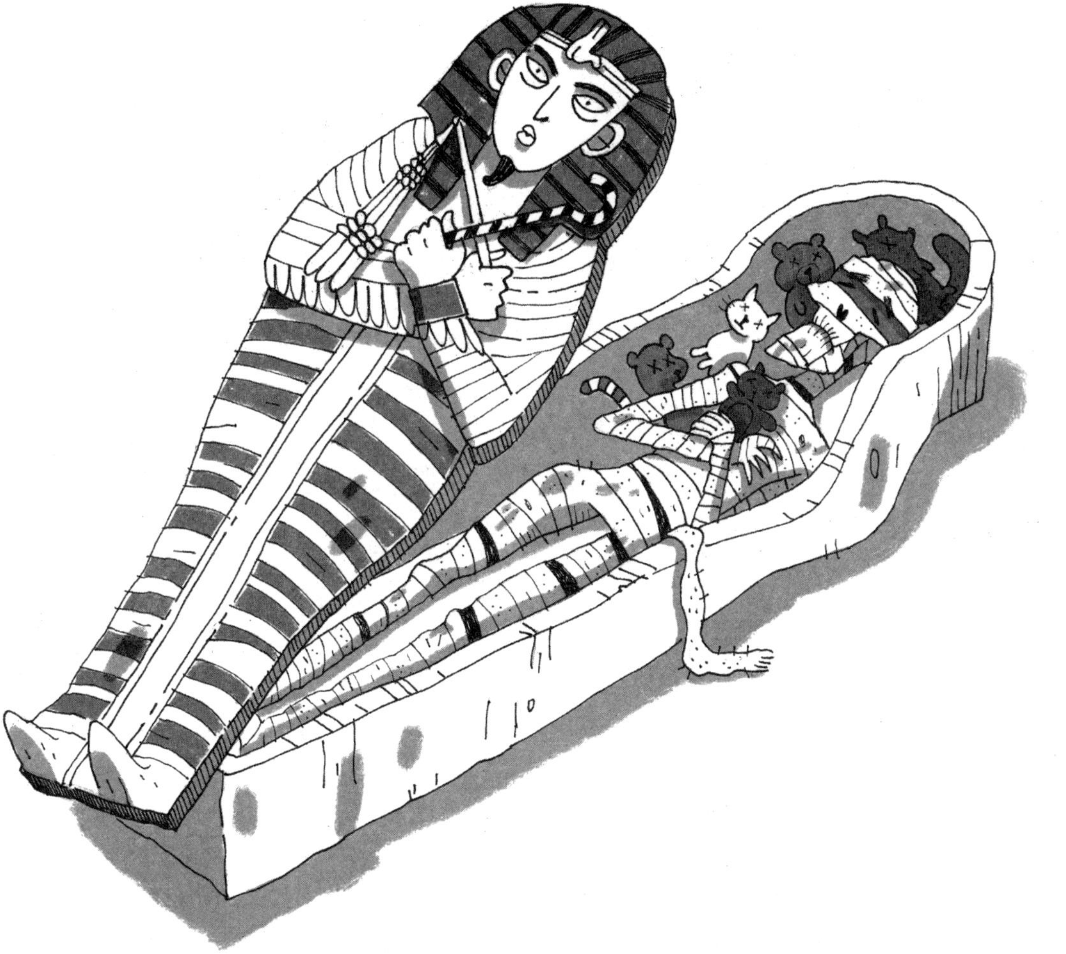

173. 女皇原不是俄国人

叶卡捷琳娜二世，1762年开始执政的著名俄罗斯女皇，并不是土生土长的俄国人。

在出嫁之前，她是德国人。

她本名也不叫叶卡捷琳娜，而是索菲娅·费德里卡·奥古斯特。

她在16岁时与沙皇彼得三世结婚，后来发动政变即位。

当宫廷里的阴谋、诡计和叛乱能决定谁有权获得王冠和权杖时，这类奇怪的事情是有可能发生的。

174. 拿叉吃饭，没教养！

大约在1070年，威尼斯贵族，同时也是执政官之妻——特奥多拉的丑闻在她的同胞中引起了轰动。

她竟然敢用叉子吃饭，而不是用双手将食物放在嘴里。

在当时，没有人用叉子进食，因此这被视为一种极其没有教养的行为。几个世纪以来，人们的某些行为习惯确实发生了很大变化。

175. 年轻的冠军

据说，年仅13岁的巴西少年罗纳尔迪尼奥在与同学的足球比赛中一人包揽23个进球，并最终以23比0的比分战胜了对手。

这一令人难以置信的结果让人们把注意力都聚焦在了

这位天才少年身上。没过多久，他就进入了当地的一支球队。他传奇的职业生涯开始了！

> 罗纳尔迪尼奥，前巴西男子职业足球运动员，曾获两次世界足球先生和一次欧洲金球奖。

176. 齐聚乌拉圭

第一届世界杯足球赛于1930年在乌拉圭举办。举办方之所以选择这个南美国家，是因为乌拉圭国家队在1928年奥运会上取得了出色的成绩，并且已经拥有了适合举办比赛的体育场。

177. 难闻的皇帝

18世纪，法国国王居住的凡尔赛宫，卫生问题并非一个十分令人担心的问题。宫里有浴室，但是贵族（包括国

王）很少洗澡。不过，当时流行使用香水。衣服、头发、床单都散发着香味。尽管香味无处不在，但是依然难以掩盖他们身上散发的难闻气味！

178. 火星运河的传说

多年来，很多观察火星表面的人认为他们看到了运河。似乎有人挖了大洞，运河直接通入地下。运河是远古时期火星人的杰作吗？通过最先进的科学技术，人们获得了明确的答案：运河并不存在。

这仅仅是人们的一个视觉错误！

179. 升入太空的狗狗

第一只从地球飞入太空的生物是狗。

1957年11月,一颗搭载首个动物宇航员——莱卡的卫星从俄罗斯出发。这次旅行旨在证明生物能否顺利进入太空并在旅途中存活下来。

可惜的是,当时的技术只能规划去程,还无法规划返程。装有莱卡的太空舱在坠落至地球时解体了。

180. 一项古老的运动

拳击是一项十分古老的运动。4 000年前,它从埃及传播至地中海的克里特岛。后来,它又传播到古希腊,并逐渐发展成为一项广为流行的体育运动。

181. 成为木乃伊的好理由

古埃及人非常热衷于制作木乃伊,因为他们相信死后会重生。

不过,如果重生,拥有一个可以让灵魂回归的肉体是十分重要的。这就是为什么要将尸体保留很长很长时间的原因。

182. 不休不眠的大象

大象不仅是最大的陆生动物之一，它们还保持着最长的不眠时间纪录。

如果受到威胁，它们可以连续行走好几天，其间不做休息。即使在放松的情况下，它们也不贪睡。对它们来说，似乎每晚睡几个小时就足够了。

183. 克洛伊索斯的黄金

神话般的克洛伊索斯国王因其财富而闻名，实际上，他能名垂千古另有原因——历史上的第一批金币是在他统治的王国里开始流通的。

用贵金属买卖物品并不是什么新鲜

事，但是有一个令商人们担忧的问题，谁能保证金和银的纯度？

对此，克洛伊索斯提出了一个堪称完美的解决方案——由国家负责铸造钱币，并保证这些圆形贵金属有稳定的重量和纯度。

184. 纽约的来历

最早提出在哈德逊河上建造城市的是荷兰人。他们于1624年在我们如今称作"曼哈顿"的岛上定居下来。他们将这座新城市命名为"新阿姆斯特丹"，据说他们以低得离谱的价格从印第安人手里购买了曼哈顿岛。此后的40年里，新阿姆斯特丹一直属于荷兰。1664年，英国人

征服了该地区,并将城市名更改为"纽约",以向其国王——约克公爵詹姆斯二世致敬。

> 约克公爵占领了曼哈顿岛后,因难忘自己的故乡——英国古都约克(YORK),便将占领地命名为"NEW YORK",意思是"新约克"。纽约由此诞生。

185. 这两座小岛不一般

寒冷的白令海峡将美国和俄罗斯分隔开来,而迪奥米德群岛上的两座小岛正位于海峡的中心。它们中的一座属于美国,另一座属于俄罗斯。

尽管两座岛之间只有3公里的距离,但国际日期变更线在两座岛之间经过。这导致了奇怪的结果:其中一座岛的日期已是今天,而另外一座岛上的居民还停留在昨天。两座岛的时间差了一天!

186. 想长生不老的皇帝

生活在大约2 200年前的中国皇帝秦始皇有一个执着的梦想——长生不老。为了达到这个目的，他让宫廷里最著名的医生和炼丹师给自己准备了特殊药丸。讽刺的是，这些药丸有毒，最终导致了皇帝的死亡。

187. 失落的印加城市

在悬崖和山脉的保护下，马丘比丘位于近2 500米高的崖壁下的山谷中，地处绝佳的位置，不易被发现。

事实上，在西班牙的征服者们到来之后，这座城市就被废弃了，它的确切位置也被人遗忘了。几个世纪以来，很少有人再踏入那块土地。

多年之后，1911年，一位英国学者来到秘鲁的偏远地区寻找考古遗址。这座"失落的印加城市"重新得到了世人的关注。1983年，马丘比丘被联合国教科文组织确定为世界遗产，是世界上为数不多的文化与自然双重遗产之一。

188. 从尼亚加拉瀑布跳下

世界三大瀑布之一的尼亚加拉瀑布，有着世界上最狂野、最恐怖、最危险的旋涡急流。从尼亚加拉大瀑布跳下，然后能活着向他人讲述自己的感受，绝对是个疯狂的想法。不可思议的是，每年总有人将疯狂进行到底。据统计，每年平均有40人从尼亚加拉瀑布跳下，几乎无人生还。

189. 蛇岛

大凯马达岛，位于阳光充沛的巴西海岸，坐落于水晶般清澈的海水中，看上去特别像一个著名的旅游胜地，但它是一处危险的岛屿——岛上毒蛇成灾。

这些极其危险的爬行动物，数量大约在2 000至4 000条之间，它们的毒液能在几小时内致人死亡。

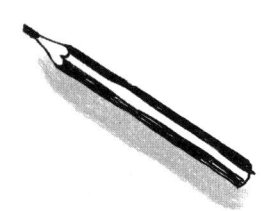

没有研究者愿意上岛逐一清点那里的毒蛇。

据说有一位勇敢的灯塔守护者，和他的家人坚持住在岛上。直到有一天，蛇们钻进了他家的房子！

190. 疑似银河落九天

位于委内瑞拉的安赫尔瀑布是世界上最高的瀑布，落差979米。它是如此之高，以至水都被风吹散了，很少落到地面。

979米相当于17座比萨斜塔摞在一起的高度。

191. 卫生间之父

18世纪末，约瑟夫·布拉马将自己对水利工程学的深入了解应用到了卫生领域。正是由于他的贡献，卫生间配备了功能齐全的冲洗系统，这也使他赢得了"卫生间之父"的称号。

192. 失窃的世界杯

世界杯——重达4公斤的贵重金属，不仅是世界最强足球队的奖杯，还是许多小偷都梦寐以求的"战利品"。

1966年，世界杯在英国伦敦公开展出。午夜，有人进入博物馆，把世界杯带走了。幸运的是，肇事者最终被捕，世界杯也找回了……但它并不是被警察找到的！

偷窃事件发生的7天后，一只狗在伦敦郊区一座僻静院子的灌木丛里发现了世界杯。到底发生了什么，以及为什么世界杯会出现在那里，至今依然是一个谜。

193. 最繁忙的港口!

世界上最繁忙的港口多在中国，而上海港位居榜首。在这里，每年有4 000万个集装箱在大型船只上装卸，船只将各种各样的货物带到地球的每个角落。

要想知道4 000万是什么概念，你可以想一下，意大利的常住人口是6 000万……

194. 神秘的爆炸

日本奥姆真理教的信徒在澳大利亚中部地区购买了一块位置十分偏僻的牧场，这并没有引起人们的关注。后来，那片牧场上发生了如同千吨炸药同时引爆一般的大爆炸，爆炸产生的红色火焰照亮了天空，爆炸声在数百公里外都能听到，但这依然没有引起当地有关部门的注意。

日本人在澳大利亚那片荒野的角落里到底做了什么，至今依然是个谜。有人打赌说，他们在秘密进行化学炸药甚至是原子弹的测试工作。澳大利亚的国土面积如此广阔，人口又如此稀少，所以也不能排除这样的假设。

> 奥姆真理教是日本的一个鼓吹世界末日论的新兴宗教团体，被联合国认定为恐怖组织。

195. 蓝血动物

迄今为止，章鱼还没有被授予"贵族"称号（西方人认为贵族的血液是蓝色的），但所有章鱼的血管里都流淌着蓝色的血液。也就是说，章鱼是蓝血动物。

这还不是章鱼最奇怪的特征。它最与众不同的地方，在于其胸腔里跳动着3颗心脏！

196. 下坠的猫

猫从高处坠落而不会受重伤,不是因为有九条命,而是与它们的身体特征有关。相较于体重,它们的身体很宽。在坠落时,宽大的身体能够减缓坠落的速度,与此同时,肌肉发达的四肢也可以减轻猫咪落地时地面的冲击。

197. 117支生日蜡烛

虽然长生不老只是传说，但是在日本，人们却知道长寿的秘诀。这个国家保持着百岁老人人数最多的世界纪录。

2018年，日本最年迈的人纳比田岛去世，她曾经吹灭了117支生日蜡烛！

198. 海浪中的坟墓

维京人被称作"北欧海盗",他们以独特的下葬方式闻名于世。

战斗中牺牲的战士,会和他们拥有的全部最有价值的物品一起被放入船中。随后人们点燃船只,使其漂流海中。

199. 爱尔兰大饥荒

从1845年到1849年,爱尔兰的人口减少了约25%。约有一百万人死在了爱尔兰,与此同时,还有相同数量的人移民去了美国。

这场难以置信的灾难是一种寄生在土豆上的病菌造成的,连续两年的疫病对农作物造成了极大的破坏。土豆在地上腐烂,很快就无法食用。当时爱尔兰人没有其他可供食用的农作物,因此土豆上小小的霉菌最终导致了欧洲历史上最严重的灾难之一——爱尔兰大饥荒。

200. 只有美洲球队参赛

1930年，第一届足球世界杯险些没有办成。世界上所有的重要球队都收到了邀请，但很少有球队愿意飞往南美。只有美洲的球队表现出热情，这项伟大的体育赛事差点就沦为一项国家级比赛。

> 在1930年，美洲以外的人想抵达乌拉圭，要比今天曲折得多。当时乘坐飞机出行还很少见。事实上，很多参赛者是坐船去的乌拉圭！

201. 这位奶奶不简单

1901年，安妮·埃德森·泰勒成为第一个从尼亚加拉大瀑布跳下的勇者。时年63岁的泰勒，进入一只巨大的木桶并从高处跳下。她的脑海里只有一个念头：凭借这个疯狂的举动赚取足够的钱，以获得一个有经济保障的晚年。

如果她的经纪人没有带着那只著名的木桶逃走的话，或许她的愿望可以实现。

之后，安妮决定留在瀑布景区，并开了一家礼品店，最终成了当地的名人。

202. 不同的引力

世界上有一块引力与其他地方不同的区域。加拿大的哈得逊湾，那里的地心引力更弱，所有的东西较别处更轻一些。

20世纪60年代，科学家发现了这种不寻常的情况，但是又花了数十年才搞明白，这种现象与地球的质量分布不均有关。

过去，巨大的冰川覆盖了这片地区。冰川的体积庞大，重量也大，导致地面发生了凹陷。冰川融化之后，那里的地壳相对其他地区质量较少，从而导致引力变小。

现在，该地区的土地正在恢复原来的形状，哈德逊湾正在极其缓慢地回弹。科学家们预测，大约 5 000 年后，这里的引力将恢复到和地球上其他地区相同的水平。

203. 阴间的军队

秦始皇希望自己死后依然能在另一个世界号令三军。为此，他组建了一支在他死后依然能够追随他的庞大军队。要确保成千上万的士兵"永生"是一个雄心勃勃的计划。因此，这些士兵是由黏土制造的！

大约有8 000名全副武装的士兵，不同种类的马和战车（当然都是由黏土制成的）"守卫"着皇帝的坟墓，随时准备为他"效劳"。

8 000名士兵的规模，相当于727个足球队的队员数之和。

204. 加拿大湖泊的水怪

不止苏格兰的湖泊里住着水怪。加拿大也有神秘的深水怪物！它被称为奥古布古，是一条长约5米的巨大海蛇，据说生活在奥卡纳干湖中。

为了防止奥古布古因肚子饿而浮到水面觅食，当地人在出航前会带上专门为它准备的食物，否则人们决不会上船。

这种海怪也不是很长，大约有一辆旅行车的长度。

205. 可怜的凡间"神仙"

埃及统治者被认为是神,因此,他们在很小的时候就可以掌权。没有人担心他们是否有经验,或许臣民们相信上天的选择不会出错。

然而,作为神也有一个必备条件:法老们必须确保王室家族的血统纯正。因此,他们不得不频繁地进行近亲联姻。例如,埃及艳后克利奥帕特拉成了弟弟托勒密十三世的妻子,而当时的托勒密十三世还只是个小男孩。

206. 海难幸存者

四年零四个月——这是苏格兰人亚历山大·塞尔柯克独自一人在荒岛上度过的时间。

1704年，一艘船停靠在太平洋的一个荒岛旁边，补充淡水和食物。水手亚历山大担心正在装水的五港同盟号会在下一场风暴中沉没，于是向船长提出了自己的想法。结果两人争论起来，最终亚历山大声称，自己宁愿留在岛上也不愿随船返回大海。于是，他被船长强令下了船，只带了一把斧头、几把刀、几件衣服和一本书。

亚历山大的判断是对的。五港同盟号起航不久就沉没了。而那时亚历山大已定居在岛上了。他在岛上盖了一间小屋，驯养了一些猫用来驱赶老鼠，并学会了狩猎和制作新衣服。

但是，孤独的他遭受了极大的痛苦。曾经有两艘船停靠在这座岛上，但都是苏格兰人正与之交战的西班牙人的船。作为苏格兰人，亚历山大如果落在西班牙人手中，结果会很糟糕。直到1709年，才有可乘的船抵岛，这位海难的幸存者终于得以重新回归社会。

亚历山大的历险故事在当时的英国广为流传。或许丹尼尔·笛福就是从这些故事中汲取了灵感，创作了著名的小说《鲁滨孙漂流记》。

207. 英国最快的抢劫犯

约翰·尼维森是17世纪英格兰一个著名的抢劫犯。他凭借疯狂的马上骑行制造不在场的证明逃脱罪责，并因此远近闻名。1676年一个宁静的清晨，尼维森在肯特郡的道路上抢劫了一名旅行者。确认获得了不错的战利品后，他一路向北，开始了史诗般的骑行之旅，一整天的行程逾300公里。日落之前，他到达了约克，见到了市长并与其愉快交谈。当警察抓到他时，市长为他做出了有力的证词：那一天，尼维森在约克！当时没有人相信骑马的人可以在这么短的时间内穿越整个国家，而约翰·尼维森则因为他的快马而免于入狱。

300公里并不短,这几乎相当于从东到西穿越瑞士的路程!

208. 污染严重的湖泊

住在卡拉恰伊湖附近的俄罗斯人绝不会考虑跳入湖中游泳。实际上，这片湖是世界上污染最严重的地方之一。或许正是由于污染严重，所以没有人特别想走进那里进行实地调查。

实际上，自20世纪50年代以来，这片地区一家核电厂产生的放射性废料不断被排放到该湖的湖底。起初这并没有引起人们足够的重视，但事实证明，其后果是灾难性的。

209. 与女王共进晚餐

在餐桌进餐时，英格兰女王总是习惯把最后一口食物先留在盘子里。她之所以这样做，是因为当她的盘子空了时，所有进餐者的盘子都会被收走，无论他们有没有吃完。女王是第一个用餐的人，通常会比其他人先吃完。因此，出于对与她一起用餐的人的礼貌，她只有在别人都吃饱肚子的时候才把最后一口食物用叉子送入口中。

210. 穿越大西洋

乘坐飞机穿越大西洋是一项艰巨的任务。1919年，约翰·阿尔科克和阿瑟·布朗从加拿大出发到达爱尔兰，这是人类历史上首次乘坐飞机横渡大西洋。

更为传奇的是查尔斯·奥古斯都·林德伯格的穿越。他于1927年5月实现了单人驾机横渡大西洋的壮举。从纽约出发，他驾驶着飞机一直飞到了巴黎。

纽约到巴黎的距离是5834公里。

211. 禁止使用左手

在印度，左撇子的生活很困难。用左手进餐会被认为是很不礼貌的。印度人习惯上完厕所用左手和流水来清洗屁股，而不是用卫生纸擦。因此，左手绝对不能用于触碰食物。

212. 巨蚌

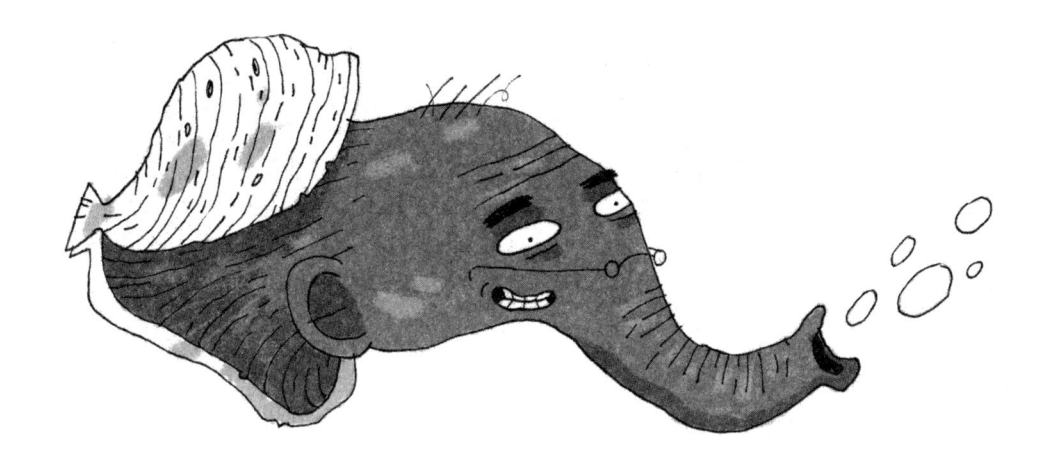

　　形似海怪，却被人们称之为"象拔蚌"。象拔蚌体长约40厘米，壳前端有根可伸长至1米的状如象鼻的粗大水管，一看就不是典型软体动物的样子。它生活在海底，藏在沙子里，吸食着食物。它的生活无聊而漫长，因为它能活到140岁。

> 这是大象平均寿命的两倍。能活到140岁的蚌可以说是世界上最长寿的动物之一了。

213. 数字0的起源

如果没有零，那么数学可能就不会是今天的样子。然而，几个世纪以来，人们都只需要处理其他的数字，因为只有印度人在大约公元600年才开始在计算中使用它。后来，阿拉伯人给它起了个名字，他们用一个可以翻译为"空"的单词来称呼它。

214. 不幸的维京人

维京人是熟练的航海家，但在发现新大陆方面并不走运。公元9世纪末，一些无畏的勇士从挪威出航，停靠在寒冷的冰岛。这个新发现的岛屿不仅气候与以前居住的村庄一样恶劣，而且还有间歇泉和火山，在这种地方生活会更危险。

北欧传说讲述了一位名叫红发埃里克的勇敢探险家，也许是他受够了寒冷，决定再次出发寻找更适宜居住的地方。他一直向西航行，直到发现了新的陆地。但是，维京人这次还是不够走运,因为他们发现的是格陵兰岛。

在那个时候,并不是整个格陵兰岛都被冰覆盖。红发埃里克继续沿着海岸向南航行,到达了一片没有完全结冰的地区。格陵兰岛的意思就是"绿色的土地"。

现在的研究表明,维京人在美洲曾经进行了一系列探索与冒险活动,只是限于当时的条件,这些航海活动没能被人们持续、准确地记录下来。

呦

215. 有核才自主

当工程师设计出第一批现代潜艇时，他们必须解决一个大问题：潜艇必须下潜到足够深度，才不容易被发现，从而能够秘密地执行任务。但是，如何才能保证潜艇有足够的动力维持长时间的水下航行而不用浮出水面补给燃料？

答案是使用核燃料！

核反应堆产生的电能是如此之大，以至核动力潜艇能够在水下停留数年。

216. 如同探险小说

乘坐潜水艇游历深海的想法来自法国作家儒勒·凡尔纳，他是著名冒险小说《海底两万里》的作者。但是实现这个愿望的是美国海军中校威廉·安德森。他在1958年8月搭乘鹦鹉螺号SSN-571潜水艇在北极的冰盖下从太平洋穿越到大西洋。这项壮举也成了当时各大主流报纸的头版头条。

那是一片荒凉的海域，那里的水温几乎接近冰点。

> 鹦鹉螺号SSN-571潜水艇是美国海军的第一艘核动力舰艇，鹦鹉螺号的名字来源于凡尔纳经典科幻小说《海底两万里》描写的同名潜水艇。

217. 猫卫士

俄罗斯女皇伊丽莎白很讨厌宫殿被老鼠入侵，于是在1745年下令把一些猫带入宫殿。从那一刻起，猫就一直留在宫里，甚至比当权的皇室和君主统治国家的时间还要长。沙皇下台后，宫殿成了国立艾尔米塔什博物馆，但没有人想要驱赶这些猫。至今还有约60只猫生活在博物馆的地下，有一个包括厨师和兽医在内的团队专门照顾它们。

218. 最严重的龙卷风

1925年，一场龙卷风袭击了美国。龙卷风以每小时480公里的速度迅速向伊利诺伊州、印第安纳州移动，令人难以置信的是，它竟然持续了三个半小时。

> 一级方程式赛车的最高时速为370公里，但它依然不及这场龙卷风的移动速度。

这场跨越三个州并造成严重损害的龙卷风成为有史以来最严重的龙卷风。

219. 脑袋在"云端"的巨物

波塞东龙是一种体形十分庞大的恐龙。当它抬起长脖子时,它的高度能达到18米。

你们想象一下,只要它愿意,它可以探头去瞧住在6层楼里的人家。

220. 一座未知的火山

直到看到火山爆发时,庞贝城的居民才发现维苏威火山是一座活跃且危险的火山。到那时,想要拯救城市为时晚矣。公元79年的一天早晨,庞贝城被深色的火山灰和火山砾覆盖,房屋被掩埋,熔岩汇成的河从山坡上流下来,一派末日的景象。

221. 画家与士兵

毕加索最著名的一幅作品《格尔尼卡》，描绘了被战争摧毁的西班牙小镇格尔尼卡。

有一位德国士兵看到了这幅画。也许是因为这幅画不符合他的口味，他不屑地问毕加索："这是你的杰作吗？"

毕加索看了看士兵，回答道："不，是你们的杰作。"可见，毕加索不仅在绘画上有天赋，在语言上也有造诣。

1937年4月26日，德国空军轰炸了西班牙北部巴斯克重镇格尔尼卡。三个小时的轰炸，将格尔尼卡夷为平地，造成许多平民伤亡。

222. 早熟的天才

作为音乐老师的儿子，他从小就具备优势，而他的天赋很快就为人所知。莫扎特3岁学会弹钢琴，5岁学会拉小提琴。一年后，他就在德国王子面前演奏。莫扎特听完一段乐曲就能够演奏这段乐曲，而且在学会字母之前就能够谱写曲子了。

223. 为什么会打喷嚏？

打喷嚏虽然是一件烦人的事情，但它对健康有很大的作用。实际上，这是我们鼻子排出异物的一种策略，比如感冒病毒或是会致人过敏的花粉。

但是，打喷嚏有一个坏处：如果你不用纸巾遮挡，空气、黏液、病毒能够被送到好几米远的地方！

224. 谁看到过黑洞？

总体来说，地球很适合人类居住。在这颗蓝色星球上，引力让我们的脚踩在地面上，但是在太空中的一些地方，引力要大得多，可以说是无限大。

宇宙中有一类天体，引力强大到足以吸引和吞进任何东西，甚至连光线也难以逃脱。物理学家将这类天体

205

称为黑洞。

黑洞对于那些研究太空的人来说是个难题，如果它们把所有的东西都吸入，包括可见光，那么人们就不可能看到黑洞。

虽然，在众多迷人的物理学现象中，科学家已经在理论上证明黑洞确实存在，但依旧没有办法直接观测到它们。

225. 冰封的世界

2万年前的世界与我们今天所知道的世界大不相同，那时的地球天寒地冻，异常寒冷。如果绘制一幅那个时期的世界地图，许多现有的国家将无法完整地在地图上呈现。比如，整个斯堪的纳维亚半岛以及大不列颠的大部分地区都被埋在几米厚的冰下。

那是地球经历的距离现在最近一个冰河时期！

226. 城市应该多大？

希腊哲学家亚里士多德对适宜的城市规模有自己明确的想法。他认为，所有公民至少应该相互认识，至少有一面之缘。如果不是这样的话，这座城市就太大了。

227. 打败熊的臭鼬

臭鼬是看起来无害的小动物，有浓密的毛皮和可爱的黑眼睛。但是，如果它们生气了，就会造成严重的麻烦，因为它们拥有令人难以置信的防御手段：直接从屁股里释放发臭液体，射程可达数米，其臭味甚至能让熊逃走。

228. 为了爱情！

雄性变色龙变色，不仅让自己融入周围环境而不被天敌发现，还可以引起雌性变色龙的注意！

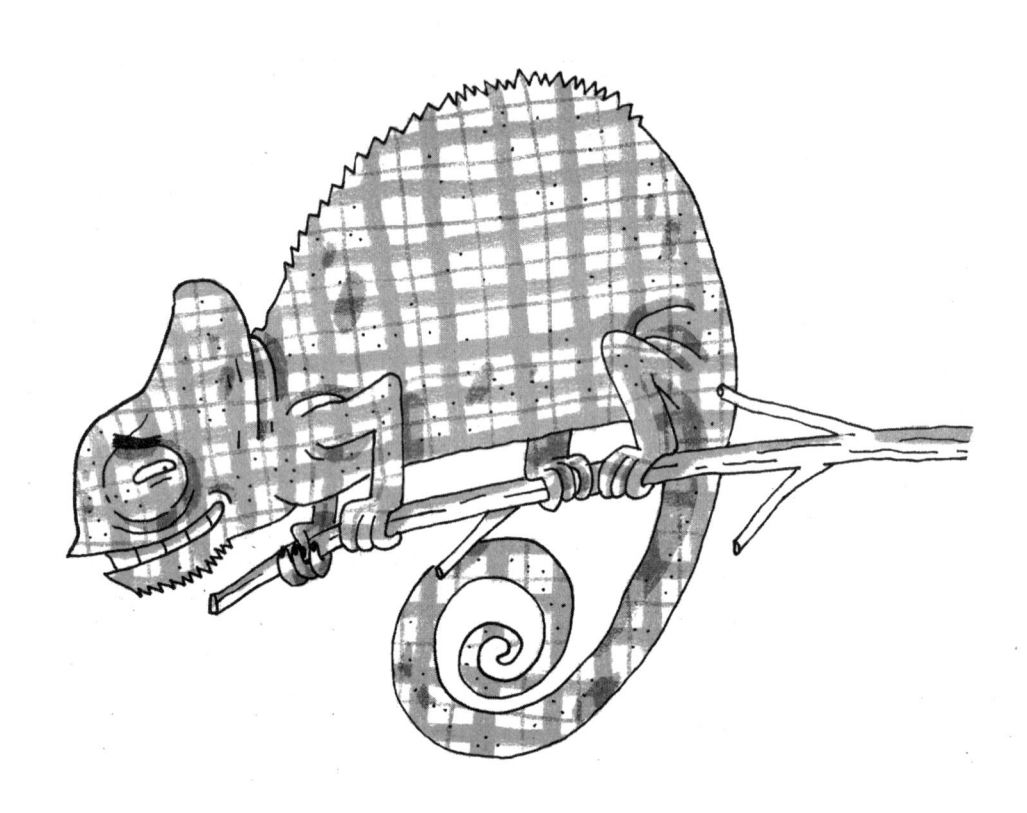

229. 旧金山的黑死病

鼠疫，一提到这个灾难性的疾病，人们不由地会联想到中世纪的那场灾难。可是，大规模的鼠疫仅仅中世纪才有吗？

最后一次流行于西方国家城市中的鼠疫发生在1900年的旧金山。

这场疾病或许是随着新年前后抵达港口的轮船来到的旧金山。除了乘客，还有一些老鼠下了船。几个月后，被发现的第一位鼠疫受害者，是一名来自唐人街附近的美国人。尽管人们试图将病毒完全隔离，但华人聚居区地方很大且人口众多。计划失败，鼠疫蔓延。鼠疫成了关乎所有人的重要问题，当局也动员了相应的力量。

与中世纪相比，医生和政治家更有办法来应对危机。他们努力让城市更加清洁，致力于改善城市下水道管网和消灭老鼠。公民每捕获并杀死一只老鼠，将获得25美分的奖励。这个方法奏效了，鼠疫被战胜了。

当时，这笔钱要比今天同等数额的钱值钱得多。

230. 不平静的地球

我们的星球表面在持续运动中，巨大的陆地板块相互碰撞或相互远离，形成山系，引发地震和火山喷发；水星、金星和火星的表面由大片岩石构成，一直静悄悄的，一百万年来那里没有火山喷发，没有因板块碰撞升起的山脉。

不平静的地壳使得地球成了一颗非常特殊的星球。

你们或许想要知道，木星、土星、天王星和海王星上会不会发生地震？不会，这些行星没有丝毫发生地震的机会。它们仅由气体构成，是没有泥土、石头或矿物的"气态巨物"。

一般说来，只要是岩态星球，就会有地震发生。只是水星、金星和火星的地质活动不像地球这么活跃罢了。

231. 人脑感受不到疼痛

人的大脑不会感到疼痛。因此，在进行脑部手术的情况下，不会注射麻醉剂。有些病人甚至在清醒的状态下接受手术！

232. 26年在床上度过

我们一生中大约有三分之一的时间是在床上的睡眠中度过的。根据人们的平均预期寿命推算，我们在被窝里的时间约为26年！

233. 容貌与基因

你们有没有想过，把两个外貌完全不同、居住在不同大陆且距离极其遥远的人的遗传基因进行对比吗？他们一个长着杏核眼，一个长着金色头发；或者是一个身材魁梧，有着深色皮肤，一个皮肤白皙，长着红发。

巴拉巴拉

科学家们做了对比实验，发现他们的基因差异真的很小。有一些我们很容易注意到的特征，例如头发和皮肤的颜色，其对应的遗传学上的差异最小。

从基因上来说，你可能和出生在非洲中部的人更加相近，而不是和你的同学。

234. 一个从不停歇的引擎

人类的心脏非常忙碌，即便在你休息或是睡觉的时候，它也会持续不断地紧张工作。按一天24小时计算，它每天跳动10万多次！

235. 最长的一场网球赛

2010年，美国的约翰·伊斯内尔和法国的尼古拉斯·马哈特进行了一场网球比赛，比赛时间长达3天零11小时5分钟。或许，只要这场比赛能结束，谁获胜已不再重要。

236. 希腊人的特权

在古希腊，只有希腊公民有权进入供奉神灵的庙宇，只有他们才能观看和参与宗教仪式。这被认为是一项极大的特权。

237. 纳米比亚的陨石

在非洲纳米比亚的一家农场,安放着世界上最重的一块陨石。这块重达60吨的天然石块是一位农民在耕田时发现的。

60吨相当于6辆大型卡车的重量。

238. 非洲沙漠中的"鬼城"

在纳米比亚的沙漠中,有一座叫作卡曼斯科的城市,这是一座由德国人在1908年建造的奇怪城市,当时人们在这个地区偶然发现了钻石。矿工们大量涌入这片区域,人们用很短的时间在沙漠中建起了这座欧洲风格的小镇。小镇设有剧院和舞厅,生活设施一应俱全。

卡曼斯科的命运与矿产资源有着千丝万缕的联系。在无法获取高额收益的情况下，谁愿意继续在沙丘中生活呢？因此，当钻石资源枯竭后，德国人离开了，城市被废弃，最终成为一座沙漠"鬼城"。

239. 比萨，风味大不同！

比萨是一种在世界各地都非常受欢迎的意大利面食。从日本到新西兰，每个国家都根据自己的饮食习惯对配方进行了改造。有人喜欢给比萨配上菠萝和火腿，有人抹上了蛋黄酱，有人则喜欢放上驯鹿肉丁。

哇哦！

240. 地震学家的"兼职"

如果有人决定在世界某个偏僻的角落秘密地进行核试验,无论是在地下,还是在深山的隧道里,都会被发现。

与自然的地震不同的各种大地震动,都会被地震学家记录下来。

在致力于预测自然灾害之余,地震学家还做着"第二份工作"——确认没有人在想方设法制造巨型炸弹。

这听起来像科幻小说中的假说吗?其实,这并非假说。历史上,有许多人曾投身于此类的实验。

241. 银河系里有病毒吗?

从太空返回时,宇航员尼尔·阿姆斯特朗和巴兹·奥尔德林或许希望立刻拥抱家人和朋友,并向所有人介绍他们这趟不可思议的旅程。然而,他们需要被完全隔

意想不到！365个科学真相

离21天，以确保没有感染任何外星疾病。

> 不管怎样，多亏了他们的太空旅行，人们没有发现外太空中存在着生命。病毒和细菌也是生命的一种形态，不是吗？

242. 蓝色星球

我们所居住的星球约70%的面积被水覆盖。在太阳系中甚至是在我们已知的宇宙中，这种情况或许是唯一的。因此，地球获得了"蓝色星球"的称谓。

243. 人体，一本百科全书

如果像人们所说的那样，DNA是书写生命的字母，那么人体就是一本巨大的百科全书，一个人身上估计有超过10万个基因。

病毒，作为最简单的生命，只有很少量的基因。

244. 1600多种语言和方言

人口众多、幅员辽阔的印度拥有两种官方语言，22种公认的语言和1600多种方言。它肯定是世界上语言最为多样的国家之一。

245. 维京人和美洲

一个古老的北欧传说从几个世纪前流传至今，说的是维京人向西迁移，发现了格陵兰岛以外的神秘新大陆。维京人发现美洲的传说引起很多人的质疑——人们怎么能完全相信几百年前的诗歌讲述的故事呢？

对于历史学家而言，传说不是可靠的信息来源。因此，探险家英斯塔德和他的妻子安娜决定亲自去考察。他们找到了当时的地图，并试图用它作为向导，最后得出结论：维京人可能登陆了加拿大北部。

1960年，英斯塔德和安娜深入这片区域，询问当地人是否注意过特殊的历史遗迹。渔民把他们带到了兰塞奥兹牧草地，那里有可以追溯到公元1000年的房屋，以及一些铆钉！

在那个年代，斯堪的纳维亚半岛的居民已经会制作铁器，而加拿大的原住民不会。

这正是他们所寻找的证据。房屋和铆钉可以证明，在克里斯托弗·哥伦布之前，维京人发现了美洲。只不过他们在不久之后就离开了美洲，并且没有意识到自己的重大发现！

246. 爱干净的北欧勇士！

维京人是北欧的勇士，凶猛的战士，他们对待敌人冷酷无情，在个人卫生方面却十分讲究。在维京人的出土文物中，考古学家发现了梳子、刷子、用来修剪胡子的剃刀，以及用来清洁耳朵的精致金属物品。看起来他们花在洗澡上的时间要比当时其他地方的人长得多。而且，这些

男性一定很爱美：他们用浅色的肥皂洗头，这或许可以让自己的发色显得更加金黄！

247. 大头恐龙

大约在7 000万年前，地球上生活着五角龙——一种"大头"恐龙。它的头上有一个像帆一样的头盾，头部长度可超过3米。如果说这么大的脑袋还不足以震慑敌人，那么需要补充的是，它的面部还长着5个可怕的角。

248. 在三次海难中幸存

在20世纪，有一位无畏却不幸的女人，经历了整整三次海难。她叫薇奥莱特·康斯坦斯·杰索普。

1911年，她在奥林匹克号上做服务员。这艘远洋客轮因撞上另一艘船而不得不立刻赶回港口，但最终沉没。一年后，她被当时最先进的一艘客船雇用。这艘船的名字叫泰坦尼克号，它在大西洋的冰冷海域发生了海难。幸运的是，薇奥莱特活了下来。

1916年，她登上不列颠尼克号邮船，成了护士。这艘船最后撞上了德国水雷，不到一个小时就沉没了。幸运的是，这次薇奥莱特又得以生还。

249. 秘密地铁

世界上许多城市有地铁，它们是公开的，只有莫斯科有一条秘密地铁！

它被称为地铁2号线，不与其余地铁线路的站点相连，只连接了城市中重要的军事禁区，而且它一直存在于人们的口口相传中，没有得到有关方面的确认！

250. 斯坦利船长的过失

泰坦尼克号沉没的那个晚上，或许有一艘船能够及时赶到现场实施救助。它就是加利福尼亚号。

斯坦利·罗德船长向泰坦尼克号上的水手发出了附近海域存在冰山的信号，然后他就把船上的无线电接收装置关闭，去睡觉了。几小时后，一名水手将他叫醒，告诉他有人正在向天空发射信号弹，船长只是说了句"可能泰坦尼克号上有人在开派对吧"，然后又转身睡去。

多年以来，斯坦利·罗德船长都被认为应当承担责任，毕竟当时他置那些可怜遇难者的生死于不顾。

251. 超级跳跃！

袋鼠的腿部肌肉发达，尾巴可以帮助其保持平衡。正是有了这样的身体结构，它们可以一下子跳到9米远的地方，是跳得最高最远的哺乳动物。

252. 取消军队换和平

世界上有一个国家，决定和平发展并且避免任何形式的战争，这个国家就是哥斯达黎加。这个国家的法律甚至禁止发展武装力量。哥斯达黎加不介入世界其他地区爆发的冲突，也不在其边境内兴建生产武器的工厂。

253. "最年轻"的国家

世界地图在不断变化：一些国家消失，被并入其他国家；一些国家分裂，产生了新的边境。因此，世界上的国家数量也在不断发生变化。世界地图最新的调整发生在2011年，原属于苏丹共和国的南苏丹宣布独立。于是，一个新国家——南苏丹共和国诞生了。

254. 嘴里的小东西

鳄鱼妈妈有一个特殊的习惯，如果它们觉得捕猎者快到了，它们就会把刚破壳而出的幼崽藏在嘴里。有谁敢在鳄鱼的嘴里找东西呢？

255. 一起严重的事件

2004年底特律篮球运动员和球迷的冲突是历史上缺乏体育精神的最典型案例。

由于激烈的角逐，活塞队与印第安纳步行者队的比赛氛围十分紧张。球场上紧张的情绪高涨，一些犯规行为使比赛的氛围更加糟糕。

当情况急剧恶化时，一位球迷从看台上向场内扔啤酒瓶，瓶子击中了罗恩·阿泰斯特——一名以暴躁性情出名的球员。

罗恩跳进观众席，还击了他认为的扔酒瓶的观众，但是他弄错人了。球迷们暴动了，其他球员也连忙上前帮助队友。奥本山球场的这场比赛变成了一场激烈的斗殴。

256. 一个不识字的民族

1861年，意大利王国建立，有人提出了统计有多少人会识字写字的想法。人们组织了一次人口调查，公民需要回答一系列的问题。调查的一项结果令人担忧：文盲占人口总数的74%，这些人不识字也不会写字。在接下来的10年里，人们为扫除文盲做出了巨大努力。最终，文盲率下降到了68%！

257. 奇特的外来水果

今天在欧洲餐桌上非常常见的一些水果和蔬菜，实际上是几百年前从遥远的地方引进的。

一种被美洲阿兹特克人称赞的美味的红色蔬菜就属于这种情况。西班牙人埃尔南·科尔特斯曾考虑将其与贵金属和宝石一起带回家乡。一开始这种新蔬菜受到了人们的质疑。它们看起来很古怪，一度被用作窗台上的装饰。就这样，1540年，西红柿首次传入了欧洲！

258. 没有逃走的居民

公元79年，维苏威火山爆发。毫无疑问，火山附近村庄的居民尝试逃离。但问题是，人们什么也看不到——火山灰四处弥漫，人们呼吸困难，确定方位也非常困难。最终，许多人被厚厚的火山灰埋葬。

虽然，庞贝城居民曾经试图逃脱，但不是所有人都成功了。

259. 唯一的"不死"生物

几个世纪以来，很多人试图寻找永生的秘诀，但都没能成功。

一种名字复杂的小型水母却做到了，它就是灯塔水母。（它的学名叫作Turritopsis nutricula，学会它的发音可能需要一点时间。但是不管过多久,这种水母都会活着!)它的细胞可以回到生命的最初阶段,从头开始。

260. 被诅咒的三角洲?

100年来,有20架飞机和50艘船只在此消失,这足以制造出百慕大、波多黎各和佛罗里达群岛之间那片海洋的传说。这真的是一个"被诅咒的三角洲"吗?不,只不过是因为那片海域交通太拥挤了。

大西洋的那片海域处于无数船只的航线上,这些船只可以经由那里到达加勒比海、美国或驶向欧洲。同样出于这个原因,有大量的飞机也会飞过那片海域。

此外,百慕大三角地带位于赤道的高纬度地区,那里经常会形成危险的热带风暴,因此飞机和船只在那里发生事故就不足为奇了。

制造离奇失踪案的那片海域很深,使得打捞失事飞机和船只残骸的工作变得十分困难。

因此,并不存在所谓的诅咒,这只是一个概率问题:

有大量飞机和船只经过的地区更有可能发生事故。

261. 致命的疾病

最危险的疾病通常是那些我们平时接触不到的病毒造成的传染性疾病！

那些与外界少有接触的原住民，一旦与携带家乡病毒和病菌的外国人接触，就很有可能感染这些病毒和病菌。

1901年，一名腹部剧痛的外国水手来到了一个56人的加拿大因纽特人部落，使得部落中的51人染上痢疾并最终去世。

262. 秘密都在牙齿里

一些蛇用牙齿里的毒使猎物无法动弹。无论受害者身形大小，也无论受害者肌肉是否发达，都动弹不得，这样蛇就有足够的时间来填饱肚子了。

263. 巴拿马运河

哇！

100多年前，太平洋和大西洋还无法相连，在中美洲有一片陆地将这两个大洋分开，尽管它只有80公里宽。船只如果想要从太平洋和大西洋之间往来，就不得不经历一段漫长的绕行。

1907年，人们决定改变这种状况。计划很简单，开凿一条行船的通道，连接太平洋和大西洋。最佳的通航地点在巴拿马。这项工程持续了7年——人们建造了一座大型水闸，它可以蓄满或排空河水，使船只在两片海域间顺利航行。

264. 饥饿如蛇

饥饿的蛇不会把任何动物放在眼里，也不会因为猎物体形大而胆怯。有些蛇甚至可以吞下比自己体形大得多的动物。令人们大跌眼镜的是，蛇根本不咀嚼食物，而是将食物囫囵吞下！

265. 今天是什么日子？

出国旅行时，你可能会发现，同一个日子，存在着不同的"叫法"。这是因为并非全世界所有国家都遵循相同的历法。

例如，中国人在农历年的第一个月的第一天庆祝新年，还选出了12种动物来分别记录人的出生年份。在波斯，每个月份都有一个名称，并且持续的时间都与欧洲的月份不同。此外，2018年的犹太日历对应的年份为5778年。

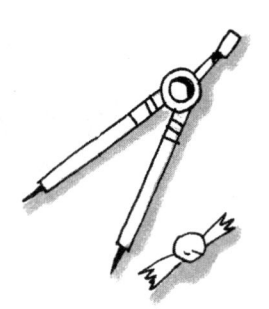

266. 外星文明方程式

1960年的一天，天体物理学家弗兰克·德雷克受邀参加一个讨论外星生命的会议。由于对这个话题非常感兴

趣，在参会的前几天，他就尝试思考一个数学公式，以计算外星生命存在于宇宙某个角落的可能性。

德雷克深入研究了这个问题，并且得出了一个冗长却吸引人的方程式。在这个方程式里，他把适合生命居住的行星数、银河系内恒星数目、恒星平均寿命以及高智生命存在的可能性结合到了一起。

267. 最长的铁路

俄罗斯是世界上面积最大的国家，一条漫长的铁路连通了莫斯科和符拉迪沃斯托克。

西伯利亚大铁路全长近9 300公里，是世界上最长的铁路。

可以在第272个故事中了解有关俄罗斯铁路的更多信息！

268. 囚徒之岛

18世纪末,英国的政治家遇到了一个大问题:监狱里无法容纳那么多的囚犯。

于是有人出了个主意,把判了刑的犯人装上船,送往远处,最好是四面环海的岛屿,这样连监狱都不用建了。

而在那之前不久,探险家刚刚发现世界的另一端有一片四面环海的大陆。

这个想法今天听起来很荒谬，但在当时看来却是合理的。

1788年1月，一支舰队在澳大利亚的悉尼港停靠，数百名不幸的人被赶下船。尽管旅途已非常艰辛，可是这些犯人接下来的生活更加糟糕。

从那时起的近100年时间里，澳大利亚一直作为接收英国罪犯的殖民地。直到自由的民众陆续抵达那里，并决心在世界的另一端开始新的生活，这种情况才逐渐改变。

269. 失望群岛

太平洋中部有几座荒凉的小岛。那里几乎什么都没有：植被很少，没有淡水。麦哲伦船长的船曾在那里停靠，他希望自己能在1520年到达菲律宾，但船上的水和食物储备消耗殆尽。

看到陆地，绝望的水手们本以为得救了，但最终换来的还是失望，以至那几块海洋中的礁石被称为"失望群岛"。

270. 大自然的杰作

流域广阔的科罗拉多河用了多长时间侵蚀岩石，才形成了壮观的亚利桑那州大峡谷？

学者们最终达成的共识是，经过了600万年的河水冲刷，峡谷才最终形成，虽然至今还没有确凿的证据证明这一点。

271. 火焰的颜色和温度

热量也有颜色吗？

物理学家发现这个问题的答案是肯定的，热量具有非常精确的颜色，随着温度的升高而变化。

红色是炽热金属的颜色，但是如果温度进一步升高，它会变成黄色，这就是我们炎热的太阳的颜色。那些更热的恒星是——蓝色的！

272. 轨距不同,无法通行

世界上铁路的轨距并不都是一样的。大约有一半国家的铁路轨距恰好是1 435毫米，但是有些国家为火车选择了其他轨距的铁路。

俄罗斯的铁轨轨距就和多数国家的不同：1 520毫米的轨距使欧洲多数国家的列车不可能穿行在俄罗斯的铁路网上。

273. 中国的长城

战争是一件大事，为了解决北方外敌对秦国边境的袭扰问题，秦始皇决定建一条用以阻挡敌人骑兵行动的长城来保护臣民。这件事大约发生在2 200年前。

当时，建造这样规模的军事防御工事是一项艰巨的任务，许多人在这项工程中丧生。但是长城真的起到了防御作用。于是，后来的皇帝下令将其拓宽加长，并对塌陷的城墙进行修复和加固。

长城后来还增设了瞭望塔，这样可以让士兵观察到远方地平线上的敌人和土匪。

长城全长超过 6 000 公里，是世界建筑史上的奇迹之一。但是，能够从月球上看到长城的传说是假的！

秦始皇在公元前214年开始建造长城，类似的长城修建又持续了许多年。1600年以前，长城一直在边境防卫方面起着重要的作用。

274. 古代生物！

鳄鱼在地球上生活了很长时间，最早的鳄鱼出现于三叠纪至白垩纪的中生代（约两亿年前），与恐龙生活在同一时代。时至今日，鳄鱼的形态并没有发生明显变化。

275. 一座富裕的古希腊城

曾经的锡巴里斯，也就是今天的卡拉布里亚，在古希腊时期是一座富裕的城市，市民以其奢华、舒适的生活闻名远近。

市民不工作，在仆人的服侍下，过着奢靡的生活。甚至城市里奴隶的工作也不太辛苦。所有繁重的工作在城外偏僻的地方进行，为的是不打扰市民们的舒适生活。

公元前510年，锡巴里斯与另一座城市克罗顿发生了战争，结果战败，被夷为了平地。

276. 缩小的海洋

在地球漫长的历史中，有一段时期，水被"关"在了覆盖着大陆的巨大冰川中。

于是，海洋变小了！

277. 名字奇特的小镇

加拿大有一个名字独特的城镇——"圣路易士哈！哈！"。它是世界上唯一的名字中带有两个感叹号的城镇。

278. 最热的恒星

据估计，宇宙中最高的恒星温度超过 33 000 开尔文，远远超过太阳的温度。

显然，没有人会跑到那里使用温度计给它测温：人

们是通过分析它的颜色和它产生的辐射计算出那里的温度的!

摄氏度=开氏度-273.15，33 000开尔文等于32 726.85摄氏度。

279. 辽阔而纯净

阿拉斯加辽阔、荒凉，这也许就是世界第二大自然公园坐落于此的原因。这座自然公园就是兰格尔-圣伊莱亚斯国家公园和自然保护区，占地53 000平方公里，其面积超过瑞士，被列为世界文化遗产。

280. 世界上最大的峡谷

中国的雅鲁藏布大峡谷全长超过500公里，一些地方的深度超过5 000米，是世界上最大的峡谷。这里有着许多珍稀独特的动植物，包括青藏高原已知高等植物种类的

2/3，已知哺乳动物种类的1/2，已知昆虫种类的4/5，已知大型真菌种类的3/5。它的许多地方至今依然无人踏足。

281. 彩虹是什么？

雨后天晴，当太阳光照射到空气中还未完全消失的小水滴上时，这些水滴会使光"分散"。光从单个白光束变成7种不同的颜色——红色、橙色、黄色、绿色、蓝色、靛色和紫色，这就是我们所说的彩虹！

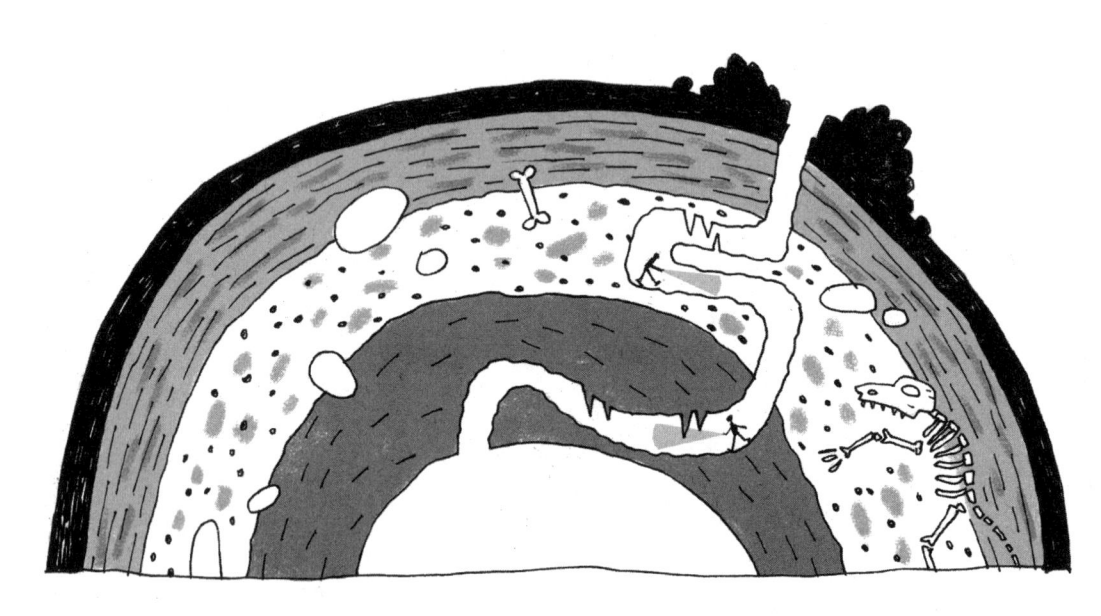

282. 地球的中心

前往地球的中心，来场探秘之旅，是个很吸引人的想法，但是直到今天，它依然无法实现。

挖掘一个深达几公里的矿井就已经是一项复杂工作了。地球的内部分为三层，最里层的是地心，其半径约有3 470公里，而且温度非常高，约有4 000 ℃—6 000 ℃。因此，想要到达地球的中心，现在看来是不可能的！

283. 你的专属"二维码"

当我们还在母亲子宫里时，大约在出生之前的一个月，我们手指上的指纹就成形了。从那时起，它们就不再发生改变，成为我们专属的"二维码"。

284. 指纹的秘密

年轻的阿根廷人弗朗西斯卡·罗哈斯认为自己策划了

一场完美的谋杀案。1892年,她杀死了两个孩子,用刀子把自己戳伤,然后控告了一位邻居。

事情没有按照她的预期发展。从最近城镇赶来的侦探注意到门框上有一块沾满血渍的印记。那是弗朗西斯卡的指印。这证明了她在案发现场。

弗朗西斯卡最终对所犯的罪行供认不讳,阿根廷也因此成为第一个用指纹侦破谜案的国家。

285. 豌豆上的大发现

革命性的科学发现，往往是由出色的人在大量实验数据基础上进行科学推理得到的。

奥地利的修道士格里戈尔·孟德尔的发现就是这样。19世纪末，他通过种植和观察豌豆幼苗，以一己之力在实验室里发现了生物遗传最基本的规律，奠定了现代遗传学的基础。

意想不到！365个科学真相

286. 不受欢迎的铁塔

埃菲尔铁塔是巴黎最著名的标志，但当时许多人认为它不够优雅，并不适合这座城市。一些建筑师甚至用"怪物"一词来评价它。更有人怀疑，这样一堆铁、钉子和螺栓的结合物最终是否能站立得住。

1887年，埃菲尔铁塔工程正式破土动工，当时巴黎的文学界、艺术界、建筑界的许多精英人士对埃菲尔铁塔的建造表示抗议，反对的人群中甚至包括了法国著名文学家莫泊桑、小仲马！300余位知名人士签署了《反对修建巴黎铁塔》的抗议书。

287. 最油滑的骗子

世界上最油滑的骗子，其真实姓名不为人知。他声称自己叫维克多·路斯提格，但这是否是个谎言不得而知。但他最大的骗局是试图出售埃菲尔铁塔。

1925年，法国经济不景气，国库里的钱所剩不多。埃菲尔铁塔已经很久没有维护了，塔体开始生锈，螺栓掉了下来。有人打赌它会很快倒掉。

这时，维克多·路斯提格伪造了法国邮电部的书面文件，在城里最豪华的酒店租了一个房间，邀请了法国的几位商人，说因为付不起昂贵的翻修和维护费用，政府打算出售埃菲尔铁塔，但该行动必须秘密进行，以避免市民提出抗议。

企业家安德烈·泊松提出25万法郎的报价，并将这笔钱交给了维克多·路斯提格。维克多收下了这笔钱，然后就消失了。几天后，泊松来到国防部领取他的塔，才发现自己被骗了。尽管如此，他却没有告发路斯提格。他感到太羞愧了！

出乎意料的是，路斯提格故伎重演，打算再次出售埃菲尔铁塔。但这次买方意识到其中有诈，将他告发了。

288. 火车万岁

美国第一条横贯大陆的铁路于1869年建成。只需要8天时间，人们就可以乘坐火车舒适地从一个海岸到另一个海岸旅行。

289. 创造生命

地球上为什么会出现生命？地球上的生命是怎样出现的？

数百年来，科学家、哲学家和宗教人士一直有这样的疑问，直到1953年，斯坦利·米勒和哈罗德·尤里决定直面这个问题，找到答案。

在芝加哥大学的实验室中，他们给长颈瓶中装入温水模拟几十亿年前的海洋。温水产生的水蒸气被收集在另一个烧瓶中。尤里和米勒在烧瓶中引入了氢气、甲烷和氨气，模拟早期大气层的状况。然后，他们释放电火花，模拟闪电，使其作用于混合气体构成的无氧"大气层"。最终，他们利用冷凝器将这些气体冷却成液体，并把液体收集起来进行分析。

实验持续一周后，他们打开了容器，从冷却的液体中发现了氨基酸。氨基酸是构成蛋白质的基本单位。所有生命都是由蛋白质这种高分子有机物组成的。

他们在一个罐子里创造出了生命！

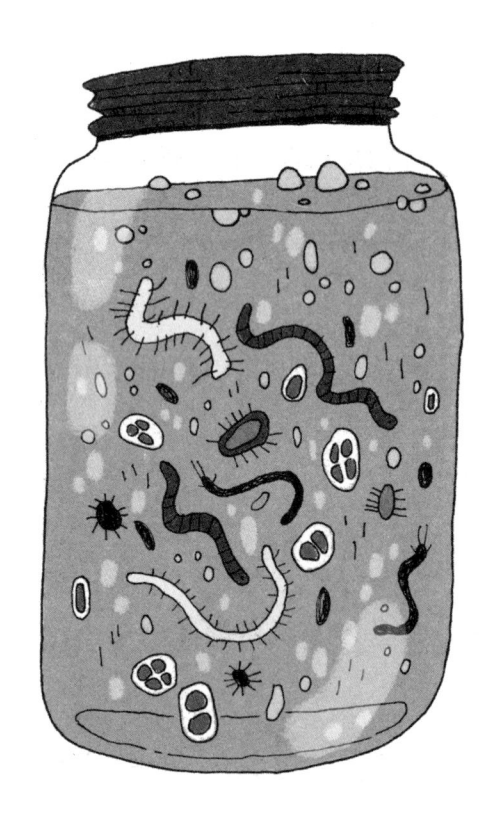

290. 过去的巨兽

如果你遇到一只大熊，你会感到恐惧，但比起我们的祖先，我们依然应该感到庆幸和欣慰。因为对那些最早踏上美洲大陆的人们来说，他们面对的是更可怕的动物——巨熊。

巨熊重约一吨，和人类一样高，每天需要很多食物果腹，因此不得不在森林中逛来逛去以寻找猎物。当它确定了自己的目标时，可以以每小时50公里的速度奔向猎物。

尽管如此，它的灭绝可能是人类造成的。人类尽管身体瘦弱，但设计的陷阱和发明的投掷武器似乎比巨熊的爪牙更有杀伤力。

291. 中文没有字母表

中文没有字母表和字母，但有偏旁部首。每个偏旁部首代表一个概念，可以组合形成新的概念。如果要读写中文，需要认识至少2 000个汉字，而权威字典则收录了超过45 000个汉字。

292. 老鼠寺

在印度，有一座老鼠居住的大寺庙。

这些啮齿动物并没有对寺庙造成侵扰，它们就住在那里，并且受到人们的尊敬和保护。

寺庙的名字叫克勒妮玛塔，这里生活着成百上千只以牛奶和甜品为食的老鼠。对于那些相信传说的人而言，把脚放在老鼠的尾巴上会给人带来霉运和麻烦，然而看到白鼠却是一个好兆头。

293. 好渴……

哪怕是刚出生,座头鲸的幼崽个头一点也不小。它们食量惊人,每天需要喝掉500多升母鲸的乳汁。如果遇到母鲸没有足够的食物,乳汁分泌不足,幼崽只能跟着忍饥挨饿。

294. 等20年，然后拆除

埃菲尔铁塔是为世界博览会建造的，当初只打算保留20年，然后拆除。但是，巴黎人很快就喜欢上了这座铁塔。事实证明，这座铁塔后来被用作发射无线电信号的塔楼，在第一次世界大战中为法国做出了重大贡献。

就这样，埃菲尔铁塔保留了下来，并成为法国巴黎的地标性建筑之一！

295. 快极了

雪橇运动员可以在雪橇上滑出惊人的速度，最高时速可达130公里。

1924年，滑雪被列为首届冬奥会的比赛项目。

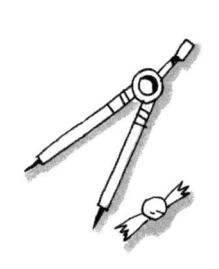

296. 第一部影片

历史上第一部影片,其放映时长共12秒,几乎没有任何剧情。尽管如此,发明家威廉·迪克森,同时也是托马斯·爱迪生的工作助理,向观众脱帽致敬。

影片的名字叫"Dickson Greetings",意思是"来自迪克森的问候"。影厅里,观众的情绪高涨,这当然不是因为电影本身,而是因为一种新的现代技术诞生了。

297. 拥有无限记忆力的人

在美国居住着一位几乎拥有无限记忆力的人。他记得每一本读过的书的内容，他的脑子里装了成百上千册书。一本书读一遍就能背诵。他甚至可以同时阅读两本书，每只眼睛看一本。

他知识渊博，却没有办法自己系紧衬衫纽扣，而且小的时候连学习走路都十分困难。他的名字叫金·皮克，严重的脑部发育异常使他成为一个极其特殊的人。他的故事不可思议，以至于他最终成了一部电影的主人公。

金·皮克是美国影片《雨人》的主人公——患有自闭症的数学天才雷蒙的人物原型。

298. 小而分散

基里巴斯共和国由分布在太平洋中的33个小岛组成，陆地面积811平方公里，海洋专属经济区面积350万平方公里。

299. 南极洲唯一的提款机

距离南非3 500公里，位于新西兰以南2 500公里的地方是南极洲。

麦克默多站——南极洲规模最大的科考基地，就建在那里。许多科学家和研究人员在那里工作。南极洲唯一的自动提款机就设在麦克默多站。

300. 肥胖率居世界第一

瑙鲁共和国是一个小国,坐落在太平洋中一座长约21公里的大岛上,拥有4公里的铁路和一条沿海公路。总之,不会有人认为,瑙鲁能占据世界主流报纸的头版头条。

然而,这个国家却因国民的体重而闻名。在这个国家的一万名居民中,有很大一部分居民是超重的。肥胖人口占比达71%。

301. 女海盗传奇

18世纪末,中国海域活跃着一支海盗队伍,他们凭借着300艘船只组成的舰队让其他水手闻风丧胆,并且能够在沿海村庄发号施令。

海盗的头目人称郑一嫂,是历史上最强悍的女海盗。为了指挥这40 000名船员(包括男人、女人以及儿童),她制定了一系列具体而严苛的规矩,其中最重要的一条是:只有她才能指挥船队!

电影《加勒比海盗3》中的"清夫人"就是以郑一嫂为原型,让这位史上最富传奇色彩的女海盗再度引起关注。

再说一句,40 000人相当于世界上某些国家的总人口了!

302. 改变世界的罗莎

忙碌了一天，罗莎·帕克斯下班回家，她感觉十分疲惫。当看到公交车上有空位时，她坐了下来。坐着能够让她的脚踝放松一下，为此她感到很幸福。

故事发生在1955年12月，地点是美国城市蒙哥马利。当时的美国法律规定，有色人种必须给白人让座，因此罗莎·帕克斯必须起身。几站之后，公交车就会满员。司机停下来要她让座，但罗莎·帕克斯厌倦了长久以来所受的不公平待遇，拒绝让座。事态因此变得严重。警察来了，罗莎因不愿起身让座而被捕入狱。

这座城市的黑人因此爆发抗议，不再乘坐公交车。罗莎·帕克斯让座一案先后经市法院和最高法院审理。最终法官裁定，仅由于肤色就禁止疲惫的女性在公交车上坐着，这违反了美国最重要的法律。

罗莎·帕克斯赢得了这场抗争，谱写了历史新的一页。

303. 塑料岛

一望无际的塑料袋子、塑料片、塑料瓶子和其他塑料制品，被水流带到离陆地很远的海面上，远离了最繁忙的航线。

这是查尔斯·摩尔在1997年参加帆船比赛后回到加利福尼亚时看到的景象。尽管捍卫环境的学者和组织正在寻找办法清理这个巨大的海洋垃圾填埋场，但"塑料岛"依旧存在。清理它们并非易事，因为这座"岛屿"约有150万平方公里，由8万吨垃圾组成。

304. 太空垃圾

超过50万件太空垃圾正绕着地球飞行。它们不是因为人们粗心大意留在那里的，而是人们在执行太空任务时废弃的。将它们带回地球既困难又昂贵。

宇宙空间很大，即使丢弃了那些不需要的航天飞机，也不会发生严重的事故。最初的时候，情况的确是这样。然而，由于人类一而再，再而三地在太空留下各种东西，情况变得复杂起来。太空碎片撞击航天飞机的事件偶有发生。

> 情况的确如此。这些垃圾到底是什么呢？它们是卫星或航天飞机的塑料和金属碎片，太阳能电池板的碎片以及宇航员丢失的工具。

305. 发疯的国王

英格兰国王乔治三世表现出了明显的发疯迹象。在最糟糕的时候，他会自言自语好几个小时，直到嗓子变干，一句话都说不出口。有时他意识模糊，做出一些匪夷所思的举动；有时他会失去控制，无缘无故地对眼前的人发火。尽管有这些异常的举止，他还是平稳地度过了从1760年到1820年的执政期。

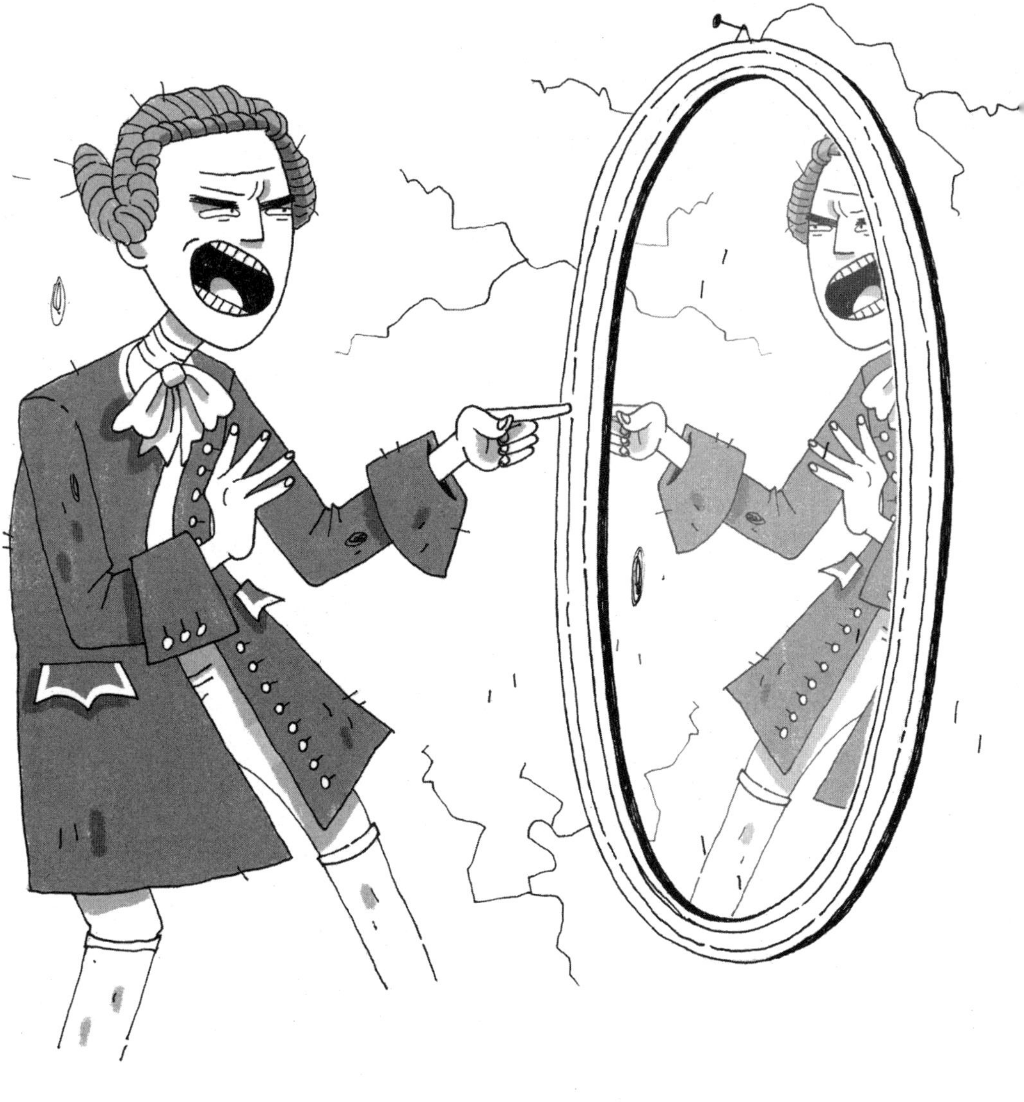

306. 40岁的老爷爷

900年前出生的人如果活到40岁，就算是幸运的了。这是疾病、食物短缺和恶劣的生活条件造成的。

在那个年代，40岁以上的人就算老人了。

307. 胡萝卜之都

遥远的新西兰有一个名叫奥阿库尼的小镇，被誉为"胡萝卜之都"。

小镇的入口处有一座气势宏伟的雕像——7米高的巨大胡萝卜雕像。

这座胡萝卜雕像的高度相当于4个依次踩在对方肩膀上男人的整体高度。

308. 穿越海洋的电缆

在海洋的深处，不仅有生活在海底的神秘生物，还有数千公里长的电缆。

最初，电缆是用来收发电报的，后来用于传输电话信号。今天，你在互联网上看到的所有信息都是通过电缆从一台计算机迅速传送到另一台计算机的。

就不同大陆上的人们之间的交流而言，电缆至关重要。连接欧洲和美洲新大陆的第一条电缆可以追溯到1854年，当时人们在加拿大和爱尔兰之间铺设了电缆。此后，人们没有停止过电缆的铺设，直到电缆连接了整个世界。

309. 一款精致的饮料

17世纪中叶，当茶叶第一次出现在欧洲时，它就被认为是一种富有异国情调的精致饮品，只有各个国家中最有钱的人才能买得起。

310. 美丽是吃出来的

巴西北部的海岸生活着一种美丽的鹮（huán）鸟，长着令人惊艳的火红色羽毛。这种特殊的颜色和生活在这片海域的虾、蟹的颜色非常相似，这并非巧合。正是这些水生动物身上的虾青素使得美洲红鹮的羽毛变得红艳。

311. 大到难以被吞下

虽然河豚一辈子都生活在水中，但它却不是一个出色的游泳者。在海中，它很容易遇到比自己移动得快得多的捕食者，随时会被捕食者当作晚餐吞下。

为了保护自己，河豚"想"出了一个非常聪明的技巧——当察觉到危险时，它会吸满水，像气球一样膨胀。这种不寻常的形态会使其样貌变得古怪且不讨喜。捕食者只好放弃，再去寻找新的猎物。

你对河豚感兴趣吗？可以去翻翻第315个故事。

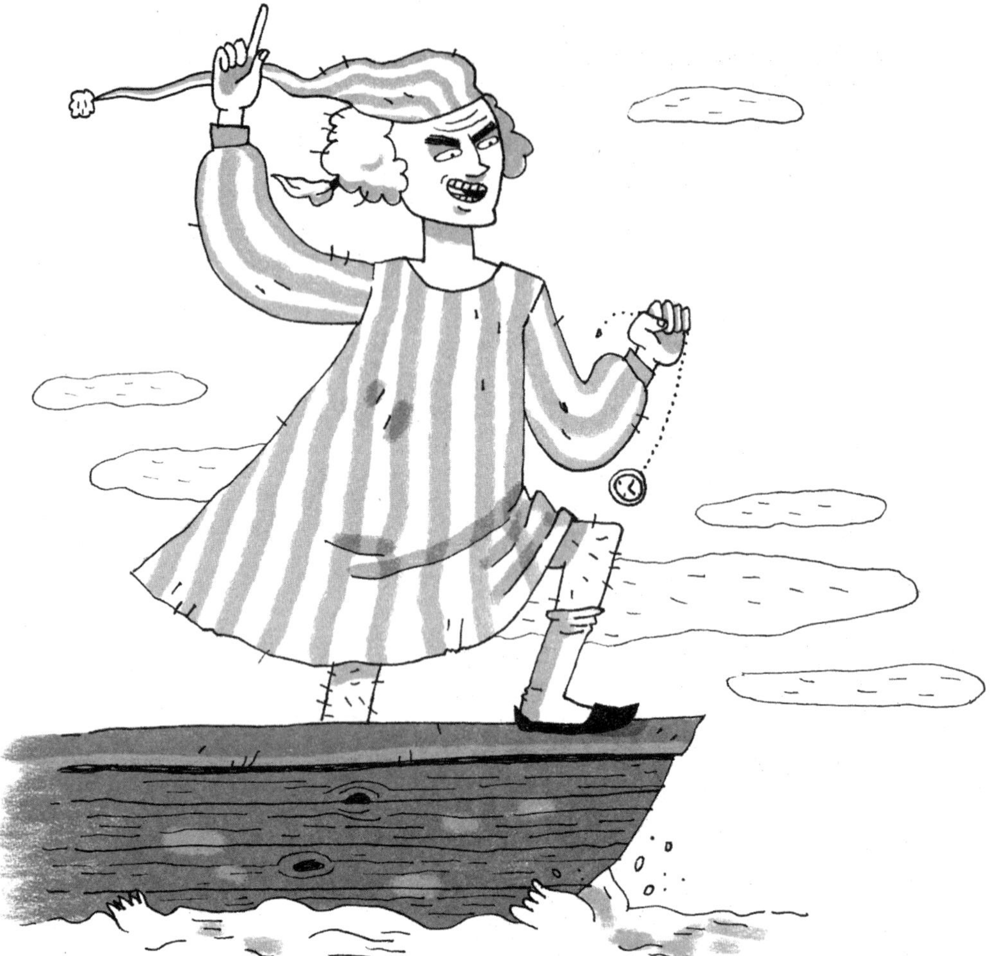

312. 被赶下船的船长

1789年的一个早晨，还穿着睡衣的威廉·布莱船长被赶下了床。他所指挥的赏金船的水手厌倦了旅行，想返回塔希提岛，于是叛变，将船长及其追随者赶下了船。船长与追随他的17名船员被迫搭上救生艇，漂流到太平洋。

船长只带了很少的补给，一个指南针，一只怀表，一件睡袍以及少量的其他物品。但经过将近50天的航行，威廉·布莱成功地将自己和17名船员带到了澳大利亚。这真是一项壮举！

313. 当海水发生倒灌

众所周知，河流最终汇入大海。但有时情况恰好相反，在极少数情况下，潮汐将海水倒推上岸，有时倒灌的海水可绵延好几公里。

例如，在亚马孙河的入海口，当来

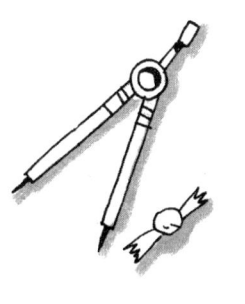

自大西洋的波浪高达数米时，海水会发生倒灌，这让那些勇敢的冲浪者感到兴奋。

314. 单体巨石乌鲁鲁

乌鲁鲁位于澳大利亚的中心地带，是一块像埃菲尔铁塔一样高的巨石，也是世界上最大的单体岩石，已有6亿年的历史。

它的四周什么都没有，只有沙漠。对于澳大利亚的原住民来说，它是一个神圣的所在。干旱少雨时，原住民会爬到乌鲁鲁上祭祀水神。对于游客而言，它是一个值得尝试的挑战，许多人试图爬到巨石的上面。自1950年以来，有37名勇敢的登山者把生命永远留在了那里。

> 乌鲁鲁成为世界上为数不多的同时被列入世界自然遗产名录和世界文化遗产名录的双遗产景观。出于对原住民视巨石为圣地的尊重和安全考虑，2019年10月26日起，乌鲁鲁的攀爬通道被永久关闭。

315. 致命的美食

河豚料理是日本高级餐厅中的一道特色菜。但是，食用处理不当的河豚，会有生命危险。

事实上，河豚的肌肉无毒或含微毒，只要处理得当，味道十分鲜美。但是，河豚的血、肝、性腺和消化道等内

脏含有剧毒，误食一点点即可使人中毒身亡。一条河豚所含的毒素足以杀死数十人。由于它的危险性，厨师需要经过一年的培训，在持证上岗后才能制作河豚料理。

316. 破两项纪录的沙漠动物

即使生活在世界上最干旱炎热的沙漠中，它也能够在不喝水的情况下生存一个多月。

它就是骆驼，一种具备卓越耐力的动物。

当它终于找到水源时，它可以一次吞下100升水——这也是一个纪录！

> 这相当于满满一浴缸的水。

317. 关于鸵鸟的大谎言

不管怎样，鸵鸟根本不会把自己的头埋在沙子里。从远处看似乎是这样的，但事实并非如此。

鸵鸟体形高大，身高超过2米。它朝地面低下头，只是通过这种姿势来欺骗捕食者，让捕食者误以为它是灌木或是石头。

> 对人类而言，鸵鸟由于其巨大的体形，是一种危险的动物。被这种巨鸟踹上一脚可能要没命的！

318. 世界上曾经最富有的人

约翰·洛克菲勒是19世纪第一个亿万富翁，他于1839年出生在美国一个十分贫寒的家庭。

在进入炼油行业后，他展现出了非同寻常的商业天赋，以至于最终控制了这个行业一半以上的资源，成为蜚声海内外的"石油大王"。57岁时，也许是因为觉得自己做得足够好了，他做出了退休的决定。

319. 不可思议的封锁

第二次世界大战期间，俄罗斯的圣彼得堡被德军完全包围，在与国内其他城市完全隔离的状态下艰难地度过了两年零五个月。

哇哦！

两年零五个月将近900天。

这是一个悲剧性的事件。城市里的居民不得不忍受冬日的寒冷、敌机的轰炸和难耐的饥饿。在战争结束时，圣彼得堡获得了"英雄城市"的称号。

当时的圣彼得堡被称作"列宁格勒"。

320. 植物的语言

植物不会说话，也没有眼睛可以环顾四周，但是它们依然能够对周围的环境有所了解，并且可以彼此交换信息！

比如，不同植物的叶子相互接触时，就表明这片土地开始变得过于拥挤，植物的根部将很难找到生存所需的营养。学者们认为，植物通过产生化学物质调节养分供给，进而对周围其他植物造成影响。植物就是这样在寂静中彼此"交流"！

意想不到！365个科学真相

321. 大家都去法国!

法国是游客们最喜爱的国家之一,每年有超过8 000万游客光顾法国的博物馆、城市和海滩。这是一个真实的纪录。

法国是欧洲国家中国土面积第三大的国家,是西欧国家中国土面积最大的国家,是获得诺贝尔文学奖人数最多的国家,也是全球最大的葡萄酒生产国之一。

322. 最古老的皇室

世界上最古老的皇室要属日本天皇,这个家族自公元7世纪以来一直统治着日本。相传日本最早的天皇是神的后代。

323. 平安飞行

尽管许多人担心乘坐飞机，但搭乘飞机实际上是最安全的出行方式之一。航班失事的数量在逐年减少，从1960年的74起下降到2017年的14起。

324. 一年有304天

罗马人用来计算一年中天数的古老历法具有神秘的起源，据说它是由罗马神话中的罗慕路斯发明的。罗慕路斯及其兄弟雷穆斯是罗马城的创建者。但实际上，这个历法一塌糊涂，一年有304天，居然少了60多天！

> 情况是这样的：日历说春天已经到了，但是天气仍然像冬天一样寒冷。于是罗马人就任凭日子过下去，直到气温上升，才恢复计算日历……

之后的人们试图通过增加或删除日期来调整日历，直到恺撒大帝决心必须一次性地解决此事。他委托一位值得信赖的天文学家制定了新的历法，该历法于公元前46年生效。为了把过去没有计算的日子补回来，那一年持续了445天，并因此获得了"混乱之年"的称号。

325. 该死的细菌

将晚餐的剩饭剩菜暴露在空气中，细菌和霉菌就会吞食没有吃完的食物。如果食物腐烂，那它们就是罪魁祸首！

寒冷会减缓甚至直接阻止这些微生物的滋生。人们从远古时代就发现了这一点。古人将粮食存放在清凉的

水井底部。1850年，第一台家用冰箱出现。冰箱的出现是一场真正的革命，它使那些买得起这种新型家电的人改变了自己的饮食习惯。

326. 禁止哭泣的葬礼！

禁止哭泣！这是勇敢而残酷的古代匈人领导人阿提拉生前为自己的葬礼立下的规矩。阿提拉凭借其卓越的军事才能统一了庞大的帝国。

史书记载，最伟大的战士要用男人的鲜血哀悼，而不是像女子一样哭哭啼啼。当时参加葬礼的士兵用剑刺伤了自己，以示绝望。

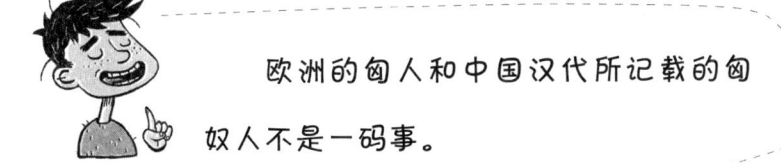

欧洲的匈人和中国汉代所记载的匈奴人不是一码事。

你想知道更多关于阿提拉坟墓的秘密吗？可以去读读第332个故事。

327. 如何丈量世界

罗马距离巴黎多少公里？

意大利人和法国人会说是1 421公里，但是如果问美国人，答案就会变成883英里。

谁说的对呢？

他们都对！

世界上法国人、意大利人在内的多数人使用"米"来衡量长度。（达到1 000米时，就会变成公里！）然而，美国人更喜欢用英里。为了说服各个国家的人们使用相同的度量单位，人们花费了很长时间。从18世纪末以来，人们一直在为此努力。这个目标现在已经基本实现了。无论你身在何处，人们都用千克作为重量单位，以秒作为时间单位，以米作为长度单位。只有三个国家例外——美国、利比里亚和缅甸。这些国家不认同国际度量体系。

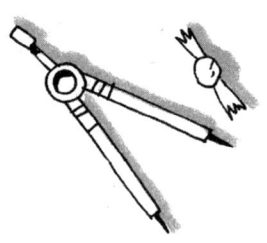

328. 睁着眼睡觉

鱼通常是在停止游动的状态下睁着眼睛睡觉的，不会像人一样闭着眼睛睡觉，因为它们根本就没有眼睑！

329. 天外来客

外星人正在登陆地球！第二次世界大战前，美国哥伦比亚广播公司播放的这则"消息"，引起了上百万美国人的恐慌。然而，这其实是1938年10月30日，由著名导演奥森·威尔斯导演的一出广播剧中的故事。虽然广播中三次声明这次"特别报道"的内容是虚构的，但是很多人根本没有注意到。

330. 长达4年的"速决战"

1914年，第一次世界大战爆发时，德国人就有了明确的想法——尽快进攻并击败法国。他们的想法是好的，速战速决是制胜的法宝。

然而，他们未能如愿。法国人阻止了德国人的进攻，"速决战"变成了一场漫长的消耗战，足足持续了4年。

331. 禁止踢足球！

虽然令人难以置信，但这却是真实发生的历史事件。国王费尽心思，只为制定一项法律——禁止在本国踢足球。这事发生在1314年的英格兰，国王爱德华二世认为足球运动过于混乱，会干扰人们从事更重要的事业。

禁令可不是闹着玩的，任何人被发现在街上踢足球，都会被判入狱。这可能是有记载的世界上最早的与体育有关的禁令。

332. 秘密的坟墓

令人恐惧的匈人首领阿提拉死后，遗体被安放在金银石棺中，陪葬他的是数量惊人的珍贵物品。至少传说是这样的，因为没有人能找到他的坟墓。为防止坟墓被盗，阿提拉的葬礼是秘密进行的。挖墓穴的卫兵在他们能够透露信息之

前就被杀死了。直到今天，阿提拉的墓穴依然是一个谜。

你们想知道，在他的葬礼上，究竟发生了什么事情？快去读读第326个故事。

333. 喝醉的船员

过去的人们，乘船穿越大洋要花上好几个星期的时间。航行之前，人们一般需要往船舱里装什么物品呢？

在几百年前，决定带哪些食品上船并不是一件特别容易的事，因为水果、蔬菜、肉类等新鲜食物很快就会腐烂。但是，最有把握的是几桶朗姆酒、杜松子酒或葡萄酒，水手们每天都能分到一份。一杯朗姆酒有助于保持船员的斗志，给予船员与海盗做斗争的勇气。

334. 天文望远镜建在哪里

在对宇宙的研究中，望远镜是必不可少的仪器。它们"块头"巨大，价格昂贵，尤其是较新的型号。在投资10亿欧元（你没看错！10亿欧元）制造出一台能够"扫描"天空的机器之后，人们最不希望发生的一件事就是遇到阴天。

这就是为什么最重要的天文望远镜都位于炎热的沙漠中——那里降雨，甚至是云团从天空中飘过的机会都非常非常少。

335. 金牌背后的故事

"凯莉，你要再跳一次。"在1996年亚特兰大奥运会团体比赛中，美国女子体操队的教练似乎对体操运动员凯莉·斯通这样说。

如果要赢，那就别无选择。她的同伴多米尼克·蒙塞努在比赛过程中失误了两次，凯莉也同样摔了下来。但是教练不知道的是，凯莉的脚踝受伤了。

随后，凯莉深深地呼了口气，再一次投入了比赛。尽管脚踝扭伤，肌腱断裂，但她还是成功完成了比赛。她最后只用一只脚着地，因为另一只脚实在太疼了。她毫无失误地完成了动作，并取得了很高的分数。这使得美国队赢得了体操团体赛金牌，并因此被载入体育史册。

336. 比珠穆朗玛峰高得多

仅就目前人类所知，太阳系中最高的山在火星上，被称为奥林帕斯山。它高 25 000 米，其高度远远超过 8 848.86 米的珠穆朗玛峰。

337. 打喷嚏的海绵

海绵是种结构非常简单的动物。它们待在海底，通过过滤海水汲取养分；除了打喷嚏，它们几乎不会做什么激烈的动作。

如果它们碰巧"喝"了自己不喜欢的东西，就会像打喷嚏一样把东西吐出来。相比其他动物所具备的多项复杂技能，海绵只会这一项看家本领！

338. 不待扬鞭自奋蹄

如果把心脏看作是一块肌肉，那么，是谁命令它不停跳动的呢？你不会觉得是你自己在不断提醒心脏跳动，对吧？

实际上，人并不能用意识控制自己身体的每个部分。心脏、膀胱、消化系统可以不受大脑支配，能够独立地正常工作。这样，你就可以专注于很多其他的事情。

339. 记分牌不"相信"完美

完美可能会是一个问题。

在1976年蒙特利尔奥运会上，全世界都发现了这一点。当时年轻的体操运动员纳迪亚·科马内奇在比赛中没有出现任何错误和瑕疵。毫无疑问，她应该得到最高分。

但是，那些设计电子记分牌的人

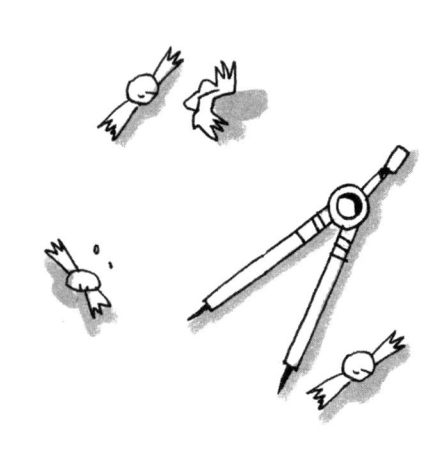

并没有预料到这种可能性，因为从来没有运动员取得过这样的成绩。记分牌上出现了"1.00"，这让在场的人困惑不解，直到播音员做出澄清——记分牌显示的是满分10分！

这是体育史上第一次有运动员做出了完美的体操动作。

340. 穿短裙不穿内裤

穿着传统的苏格兰短裙时应该不穿内裤。人们会在腰部悬挂一个笨重的皮革小袋，以确保没有风能够掀起裙子，避免出现令人尴尬的一幕。

341. 发臭的巨花

我们总说"花香怡人"，但有些花却是例外。其中一种就是阿诺德大王花。它有好几米高，每隔几年才开花一次。它的花苞在张开时，会向周围散发出可怕的腐臭味。

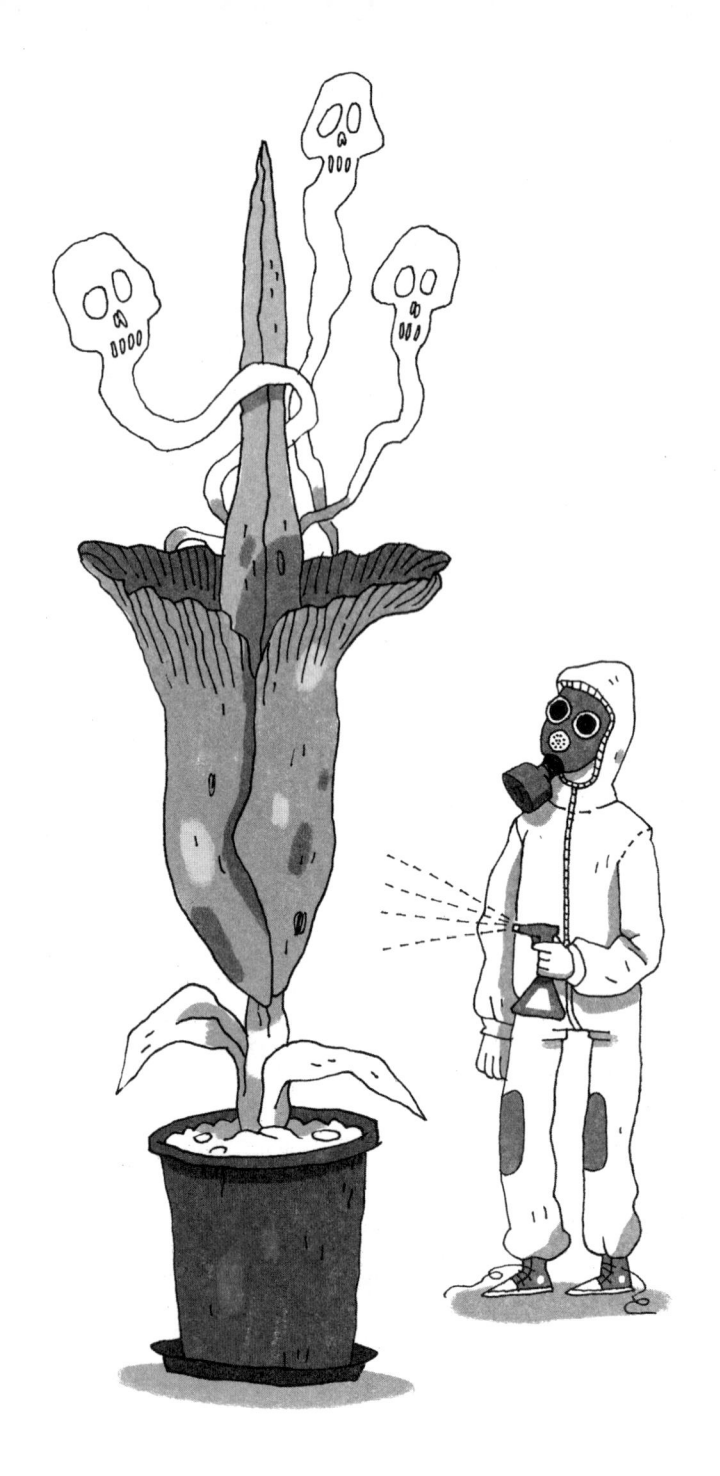

意想不到！365个科学真相

有人形容，大王花的气味像腐尸一样臭！

342. 脑子里有铁棍的人

菲尼斯·盖奇曾是一名修建铁路的工人。一天，他在工地干活时，一根铁棍插入了他的头骨，穿过他的大脑，从他的脸颊上露了出来。

那是1848年9月13日发生的事。他的同事没想到他居然能从这次悲剧性的事故中幸存下来。菲尼斯恢复了意识，并在几周内完全康复。但他不再是以前的那个人了，性

格发生了很大改变。

多亏菲尼斯的这个令人难以置信的案例，医生和学者们能够确信：菲尼斯大脑受损的那片区域，对人的情绪、性格、行为方式等有着决定性的影响。

343. 有始有终，不易！

每届环意大利自行车赛，都会有一些运动员中途退出比赛。1928年，有298名运动员参加了比赛，参赛人数是历届最多的，但只有124人进入了比赛的最终阶段。

环法自行车赛、环意大利自行车赛和环西班牙自行车赛，被称作世界三大公路自行车赛事。

344. 将猛犸象带回地球

居住在地球上的大多数物种已经灭绝，如今许多活着的动物也濒临灭绝。一些科学家试图要解决这个问题，获取已灭绝动物的DNA，复活它们，并确保它们不再消

305

失。研究人员决定提取165万年前猛犸象的DNA。不排除这样的可能——人们在地球上最寒冷的地区驯养一群这样的巨大史前动物。

据估计，自地球有生命以来，大约90%的动物物种已经消失了。

345. 不同寻常的恐惧

纽扣充斥在那些纽扣恐惧症（一种不常见的恐惧症）患者的噩梦里。这些患者只能穿带有拉链或松紧带的衣服，并避免太过靠近穿着衬衫或是纽扣开衫的人。

346. 你懒，我更懒

平均时速240米——凭借这个速度，树懒成为世界上行动最慢的动物之一。它们只有在遇到危险的时候才会提高速度，不过也只是稍微提高一点。

不仅如此，它们可以待在树上几天几夜一动都不动，等到实在饿得不行了，才会挪动身体去找一些食物。

347. 用脚品尝美食

有一些昆虫，包括蝴蝶和苍蝇，是通过它们的脚来感知味道的。你要知道，它们在品尝食物时，用的不是舌头，而是自己的脚！

348. 好臭！

如果你能够感受到各种各样的臭味和香味，这都归功于集中分布在鼻子上不足3平方厘米的5 000万个受体细胞。即便这样，也并非所有气味都能被大脑识别。人类只能识别到有限的气味。关于嗅觉，还有许多未解之谜。

349. 被撑死的国王

大量龙虾、鱼子酱面包、鲱鱼、萝卜、熟肉，再配上好几大瓶的香槟，瑞典国王阿道夫·弗雷德里克因食欲旺盛而出名。1771年的某一天，宫廷里的人们依然对国王的好胃口感到震惊。当国王要甜点时，没人敢违抗他。他吃了14份最喜欢的夹着奶油和果酱的甜面包卷。不幸的是，这是他的最后一餐。餐后不久，国王就死于消化问题。

350. 大流感

世界上最严重的传染病造成了惊人的死亡人数——或许有数千万。但这不是由某种罕见的病毒引起的，而是由普通的流感病毒引起的。

第一次世界大战末，流感开始在西班牙蔓延，并在1918年至1920年间席卷了全世界。流感本身的攻击性很强，这让饱受战争之苦的百姓雪上加霜。

人们之所以将这场流感称为"西班牙大流感",是因为一开始只有西班牙的报纸在谈论这件事。与欧洲的多数国家不同,西班牙并没有参加一战,其政府对隐瞒消息没有特别的兴趣。而欧洲的多数国家更倾向隐瞒事实,以免让坏消息削弱前线官兵的士气。

351. QWERTY是什么?

QWERTY是什么?

在任何一台计算机上,出现在键盘上的前6个字母都是它们。这个字母排序源于1864年。那时的打字机键盘是按照字母顺序排列的。打字机是全机械结构的打字工具,如果打字速度过快,支撑各个字母键的细金属条很容易缠在一起。人们需要寻求一个最佳的字母排列方式,把那些常用的连在一起的字母分开,这样击键的速度就会稍稍减

慢，从而减少打字机故障的发生。于是，键盘上沿用至今的字母排序诞生了。

352. 一代枭雄的异常死亡

对一个戎马一生的英勇领袖来说，在战场上死去是正常的，然而匈人领袖阿提拉并非如此。

313

他在婚礼当天死在了自己的婚床上。婚宴持续了很久,作为新郎的阿提拉可能喝了太多的酒。当他酒后睡熟的时候,鼻腔血管破裂,血液倒流导致他窒息而亡。一代枭雄,就这样蹊跷地死去了。

353. 最大规模的太空救援

阿波罗13号飞向月球时,一场爆炸让航天飞机里的三名宇航员身处危险之境。氧气溢出,航天飞机某个地方出现了故障。

于是,让三位宇航员安全返回地面成为迫在眉睫的任务,对阿波罗13号的救援成为有史以来最大规模的太空救援。

354. 澳大利亚的内海

很长一段时间,欧洲人深信,澳大利亚的中部有一片大海。但是,没人知道它在哪里,因为每个人都住在靠近海岸的地方，避开了炎热和荒芜的内陆地区。直到1860年，一支探险队出发，从南向北穿越了整个澳大利亚。

自此，人们用事实证明，澳大利亚的中部并没有什么海。

355. 神秘的诺克斯堡

美国的诺克斯堡是世界上保存黄金数量最多的地方之一。这里的安全保卫等级是最高的，打开保险库库门的步骤极其复杂，没有一位员工可以独自打开巨大的保险箱。

如果出售存放在诺克斯堡的黄金，可以获得超过2 000亿美元的收益。

356. 最早的印刷品

由考古学家在克里特岛上发现的费斯托斯圆盘至今仍然是个谜。那是一个黏土盘，很多年前，有人在上面刻上了不同的符号。至今不但没有人知道盘子上刻的是什么内容，而且人们甚至不能确定这些符号到底是不是字母！

然而，使费斯托斯圆盘与众不同的不仅仅是这些符号。其实，这些符号就像邮戳一样，是用活字印模印在新鲜泥土上的。也就是说，这比世界上有明确纪年的最早的印刷品还要早好多个世纪呢！

357. 神秘的数学定理

"我确信已找到了一个美妙的证明，但书的空白太窄，写不下。"数学家皮耶·德·费马在他的一本书的角落写道。他从来没有解释过当时自己脑子里想了什么。

在费马写完这句话的358年后,也就是1995年,一位数学家成功地证明了费马所说的定理。这份运用现代理论和知识完成的证明有好几百页。

当时费马写不下的"美妙的证明",至今依然是一个谜。

358. 72天环游世界

作家儒勒·凡尔纳曾想象用80天环游世界,他在一部著名的小说里讲述了这次冒险。1889年,新闻记者娜莉·布莱认为,环游世界不能仅仅停留在小说里,需要来一场实实在在的环球旅行。

于是她收拾好行李箱,从纽约出发了。到达法国后,她与儒勒·凡尔纳一起喝了茶。然后她继续向东出发,最终实现了环球旅行。

意想不到！365个科学真相

历时72天，行程40 000公里，娜莉·布莱返回了纽约。她"打败了"凡尔纳小说里的主人公费雷亚斯·福格。娜莉环游世界的时间，比福格整整少了8天。

359. 为医学而"狂"

巴里·马歇尔医生确信，引起胃炎的是一种细菌，但是没人相信他。为了说服同事，他准备了含有致病细菌的饮料，一口一口地全部喝下。过了一会儿，他就感到了肚子疼、恶心。幸运的是，他有对症的治疗方法：服用药片使他在短时间内恢复了健康。因为他的发现，也因为他的勇气，他最终获得了诺贝尔奖。

360. "自杀式"防卫

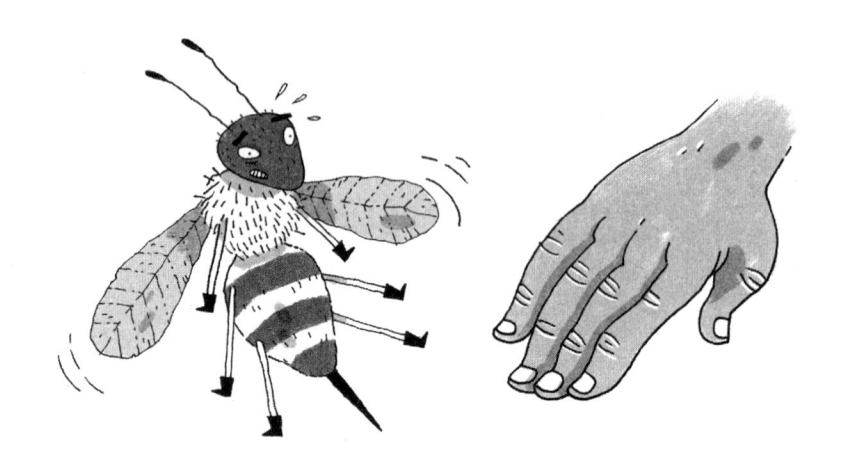

蜜蜂一般不会主动出击,只有在遇到危险时它们才被迫反击。实际上,它们的刺与内脏器官相连,刺会留在被它们蜇伤的受害者的身上,而这也会导致它们因失去内脏而死亡。这可称得上是一种"自杀式"防卫。

361. 幽灵船

在巴巴多斯站加油后,卡罗尔·迪林号船和船上的船员都失踪了。几个月后,即1921年1月,这艘船又被人在离美国海岸不远的地方找到了。

这时，船上已经没有人了，连导航设备、航海日志也神秘地消失了。美国当局对此事进行了调查，没有得出任何结论。有些人认为，事件是船员发生叛乱导致的，而其他人则认为这是百慕大三角的诅咒。

你知道"百慕大三角"是什么吗？可以读读第260个故事。

362. 宇宙有限的"证明"

要证明宇宙不是无限的，只需等待太阳落山，然后向上看就可以了。天空是黑色的。

如果宇宙是无限的，那么将会有无限数量的星星。即使在晚上，它们也足以照亮宇宙！

这其实是"奥伯斯佯谬"的简要描述。它是德国天文学家奥伯斯于1823年提出的。

363. 死亡之路

世界上最危险的路，在玻利维亚幽深的峡谷和陡峭的岩壁之间蜿蜒。它没有铺沥青，两辆汽车会车时很难通过。它的修建是为了将玻利维亚的首都拉巴斯与另一座城市科罗伊科连接起来。在这条路上，每年都有数十名旅行者跌落悬崖，以至政府不得不修建了一条更宽敞、更安全的道路来替代它。

目前，死亡之路已成为一处吸引着无数勇敢的人们来此寻求挑战的旅游胜地。

364. 确保巨轮安全抵港

当巨大的货轮到达港口时，船长就要让出指挥台，请陆地上派来的专家将船舶引领到码头。要停泊这些海上的巨轮并不容易，这些来自港口的专家也因此有了专有的称谓——引航员，也叫"领港"。

365. 空军基地51区

从地图上看，内华达州的沙漠和其他沙漠没有什么两样。实际上，这里有一个非常神秘且绝对无法接近的军事禁区。禁区戒备森严，有飞机进出。据说基地内的工作人员在各自岗位上按部就班地工作，只允许了解自己分配到的任务内容。在51区，没有任何东西能被带出来，哪怕是垃圾，也会被当场焚烧。

但是，所有这些保密措施引起了更多人的兴趣。许多人开始猜想这个秘密基地里发生了什么，并且幻想了一些答案。有人发誓说，军方保留着一架外星飞船的遗骸。许多围观者开始进入内华达沙漠，希望看到一些不明飞行物。

51区，这个世界上最神秘的区域，虽闻名世界，却始终没有多少人知道这里真正发生过什么。

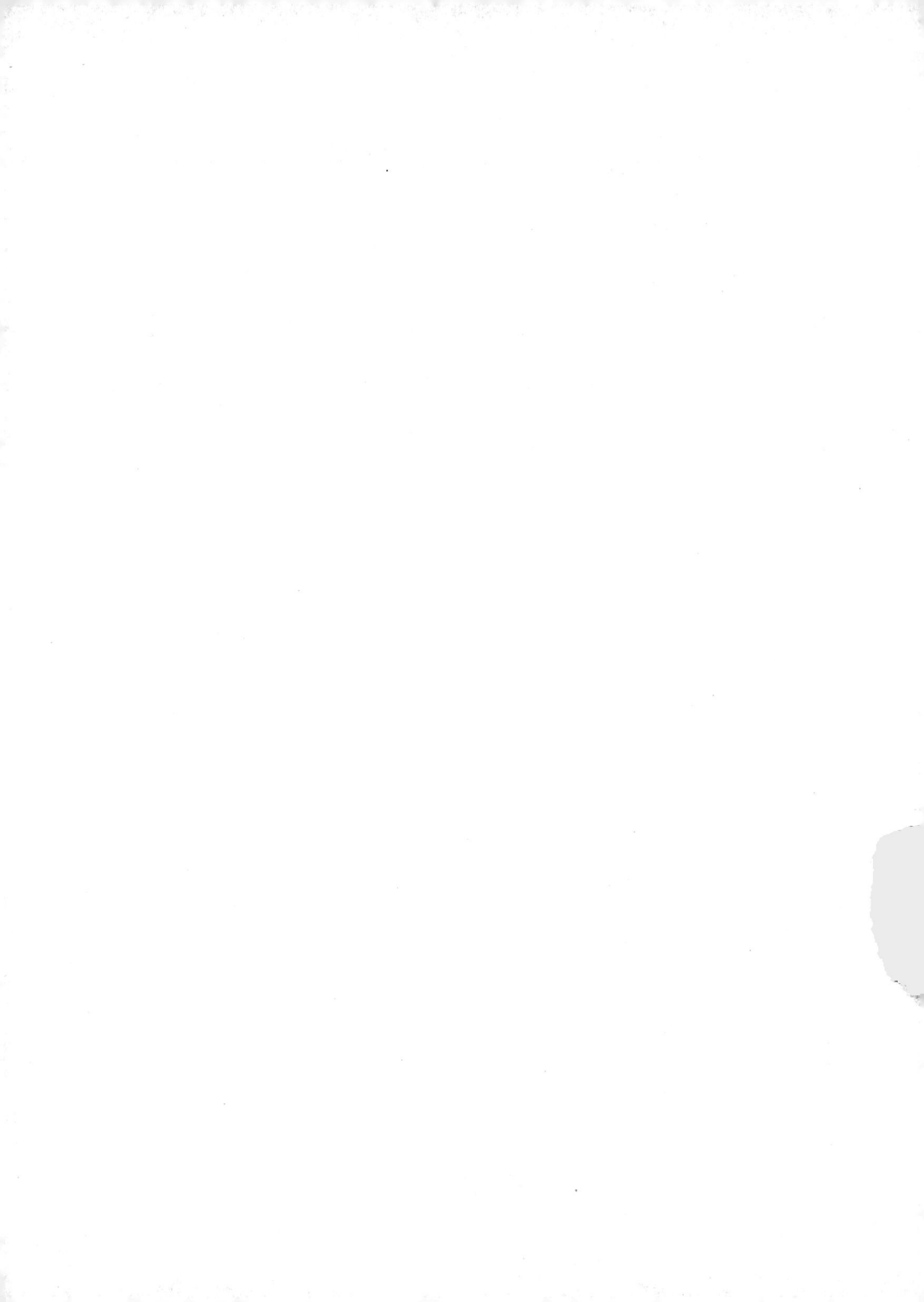